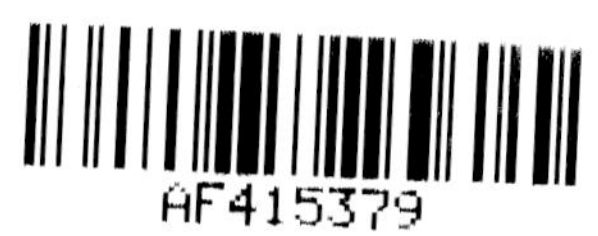

mandalas animaux

livre de coloriage

enfants de 6 à 12

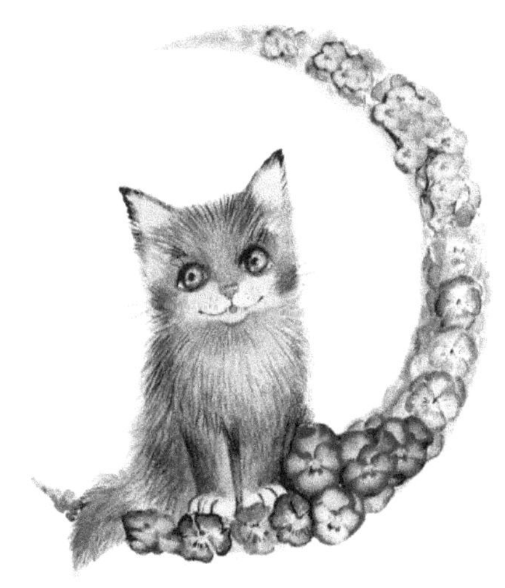

Ce Livre
Appartient à :

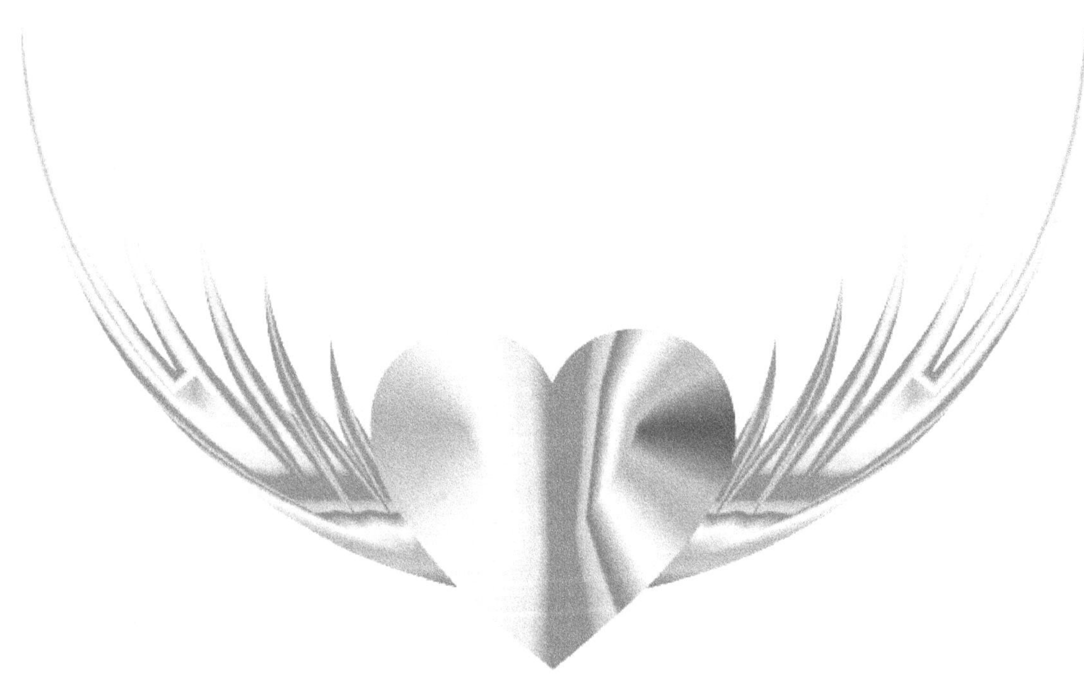

. . . .

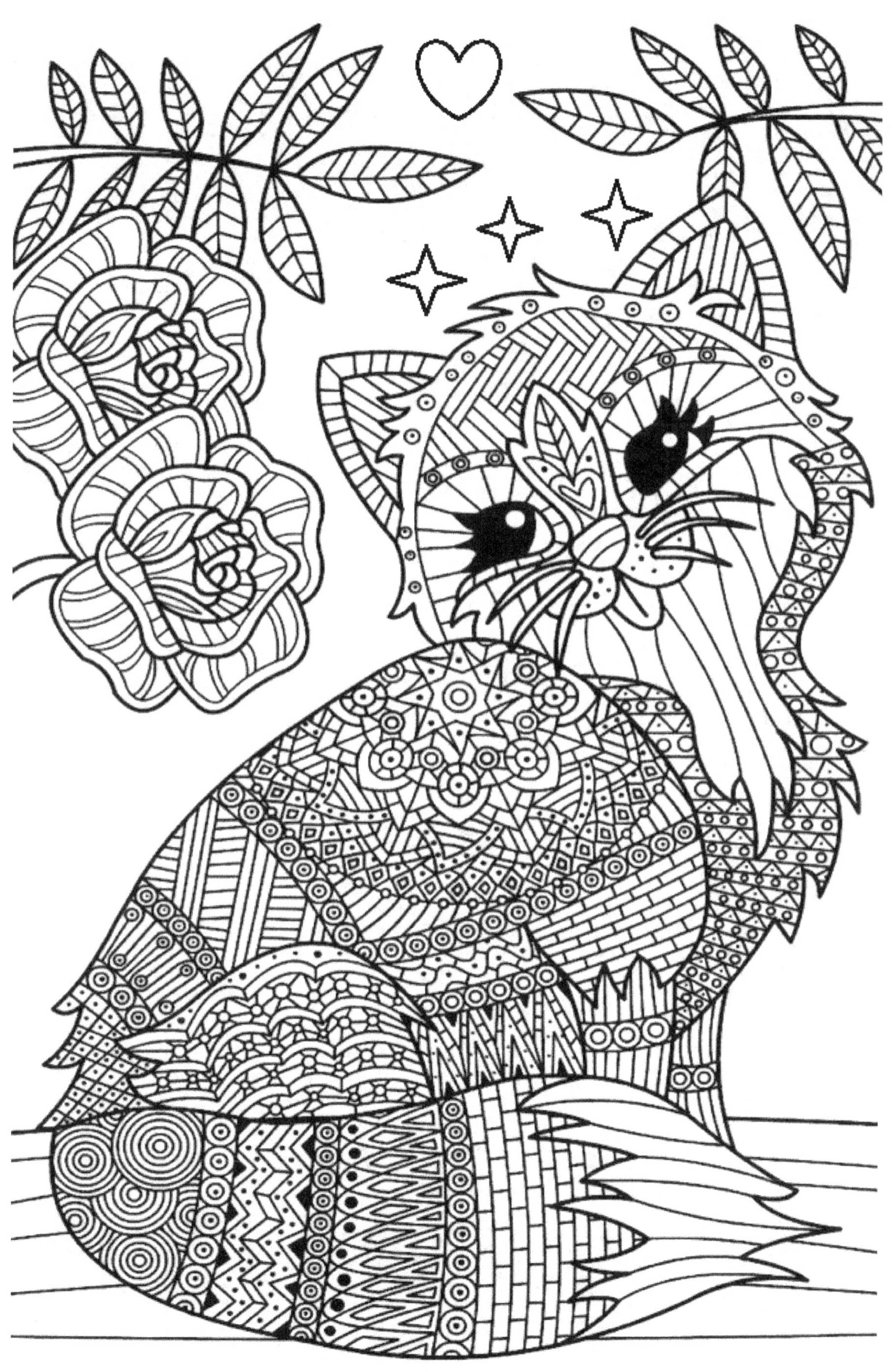

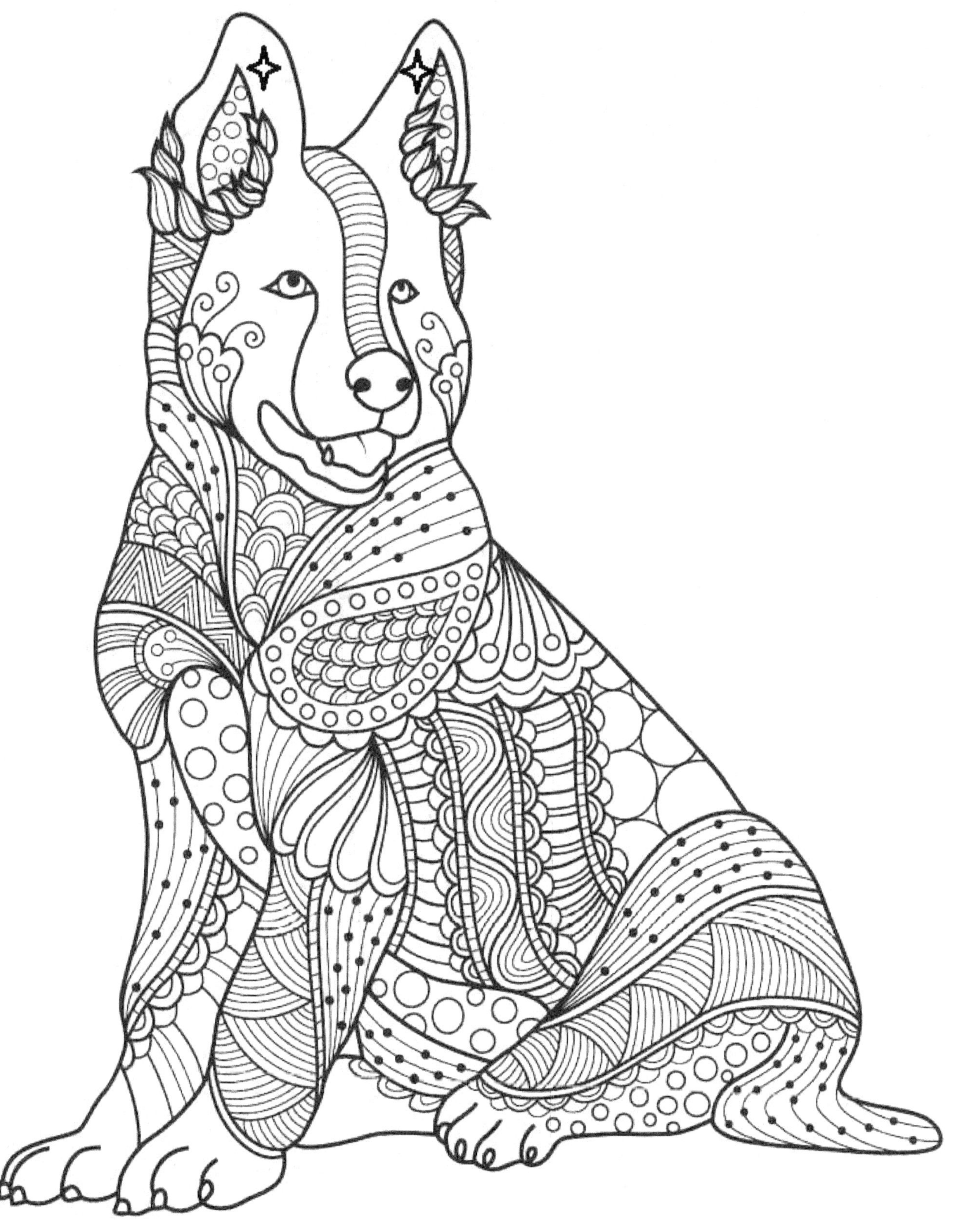

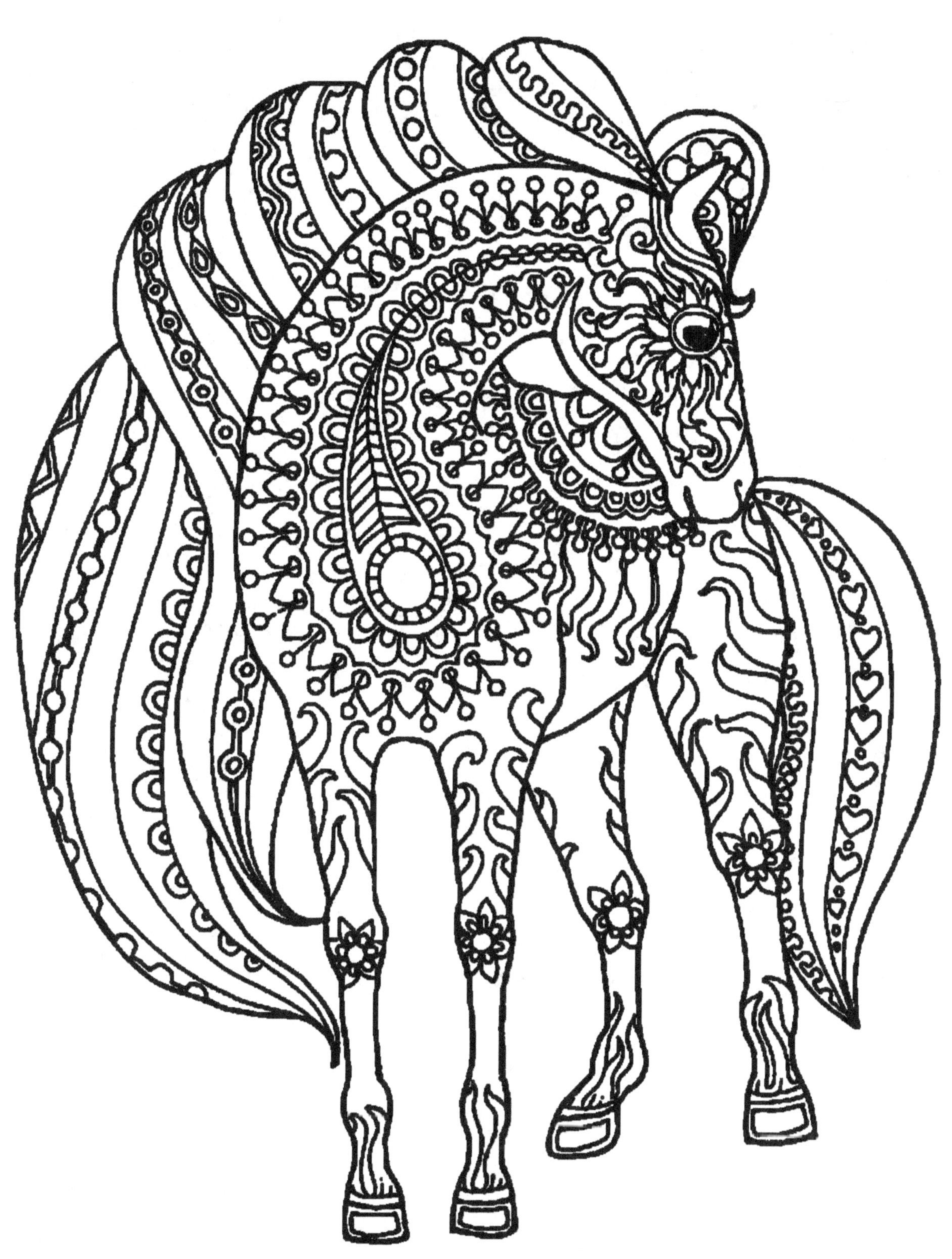

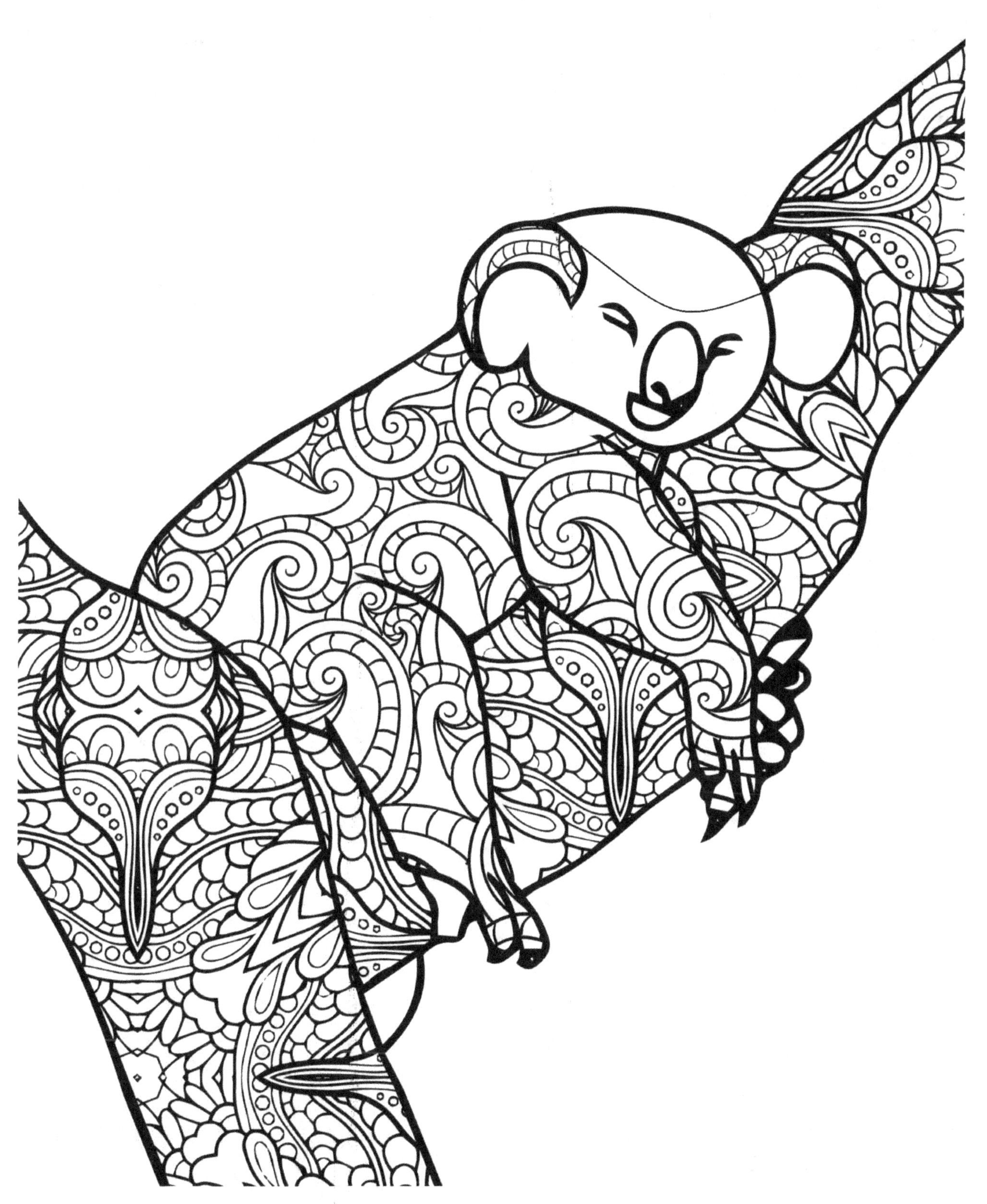

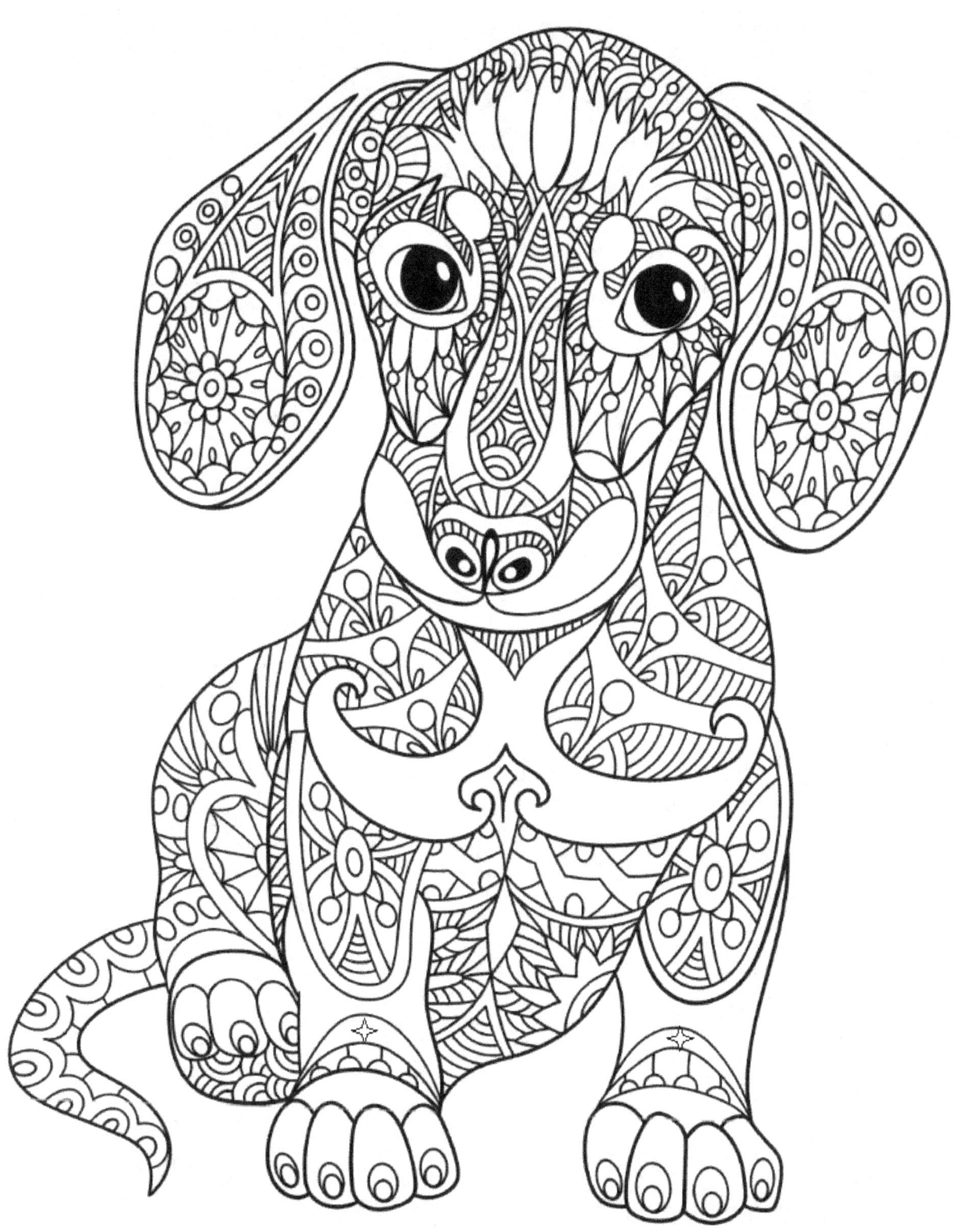

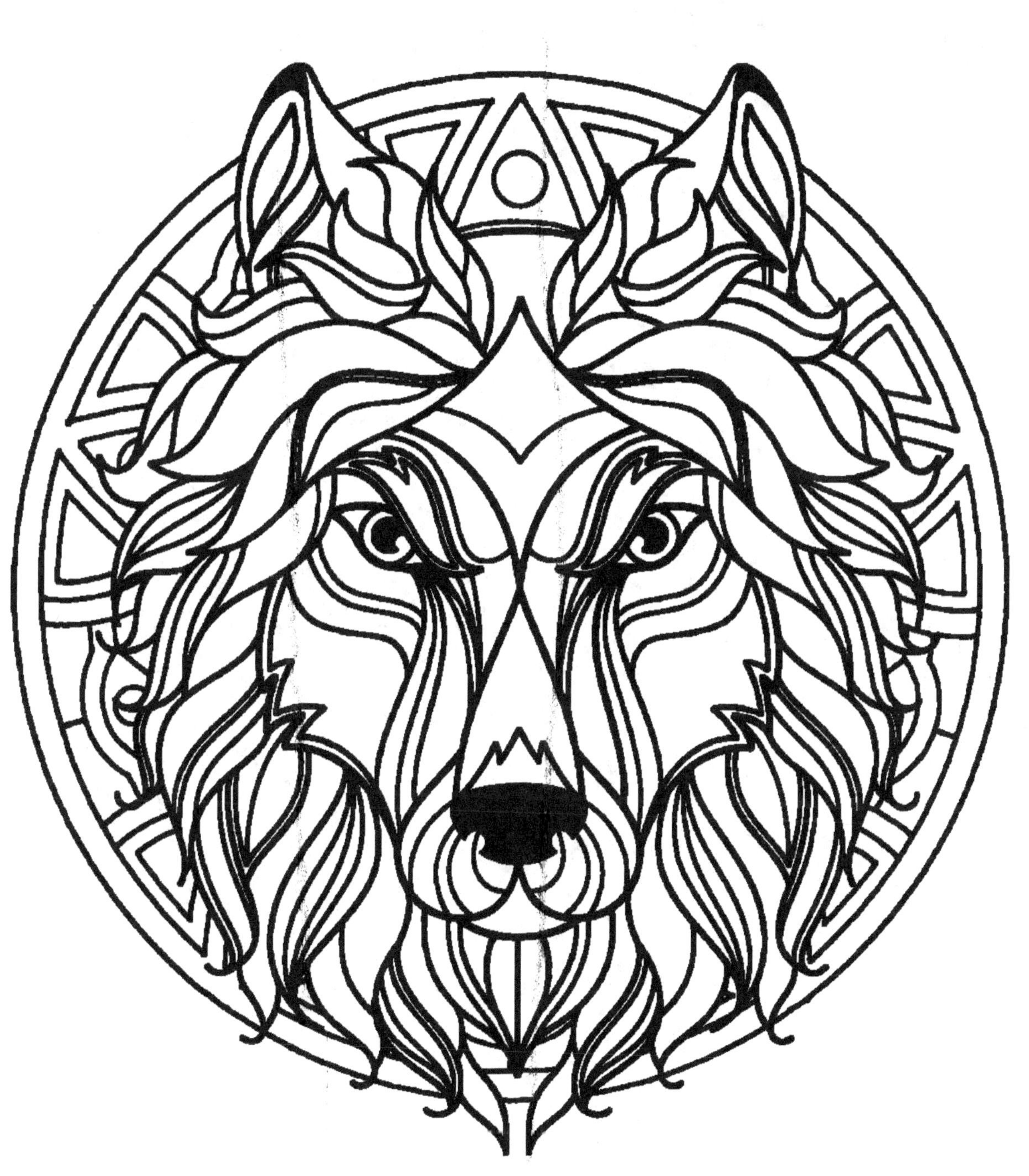

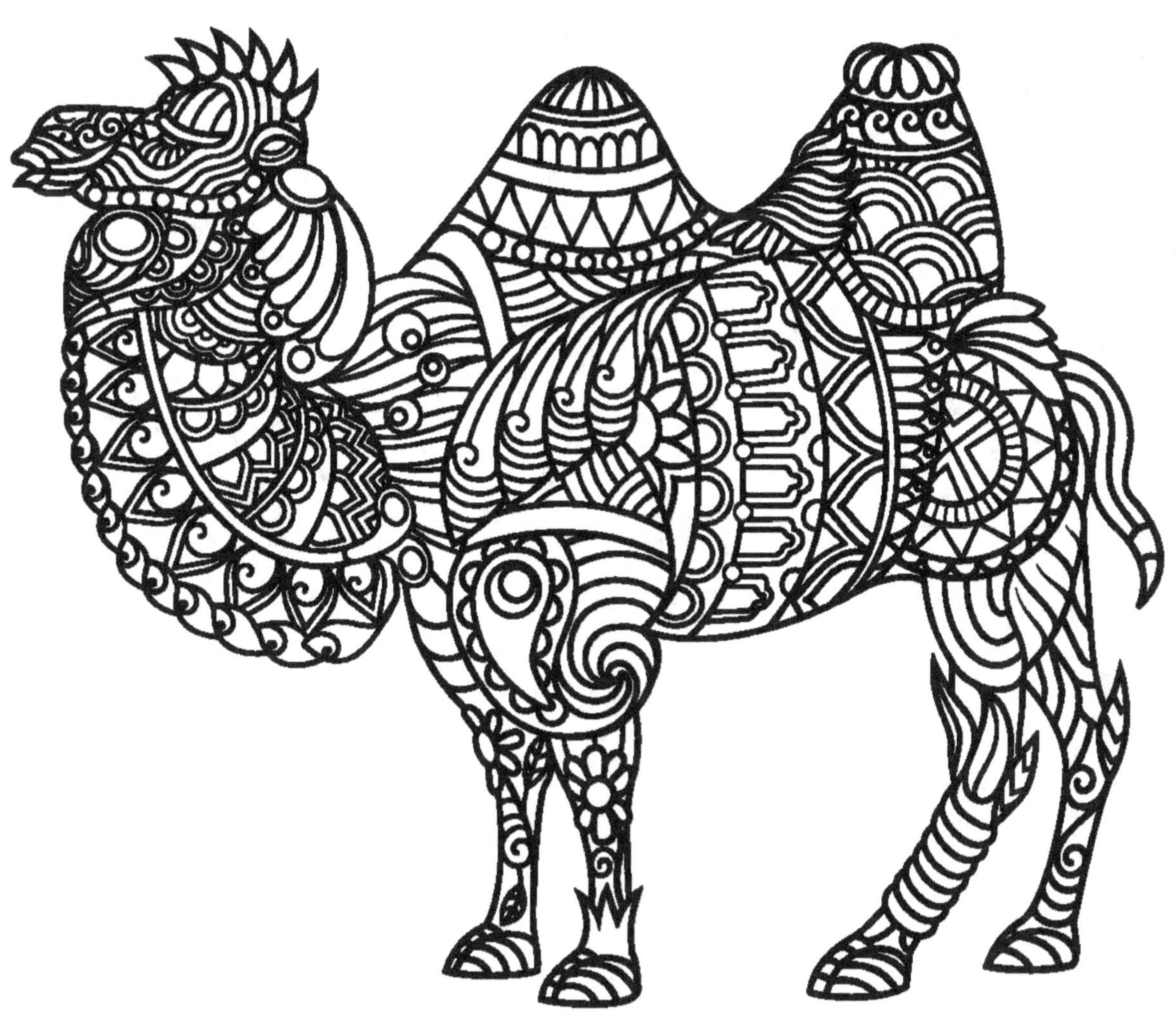

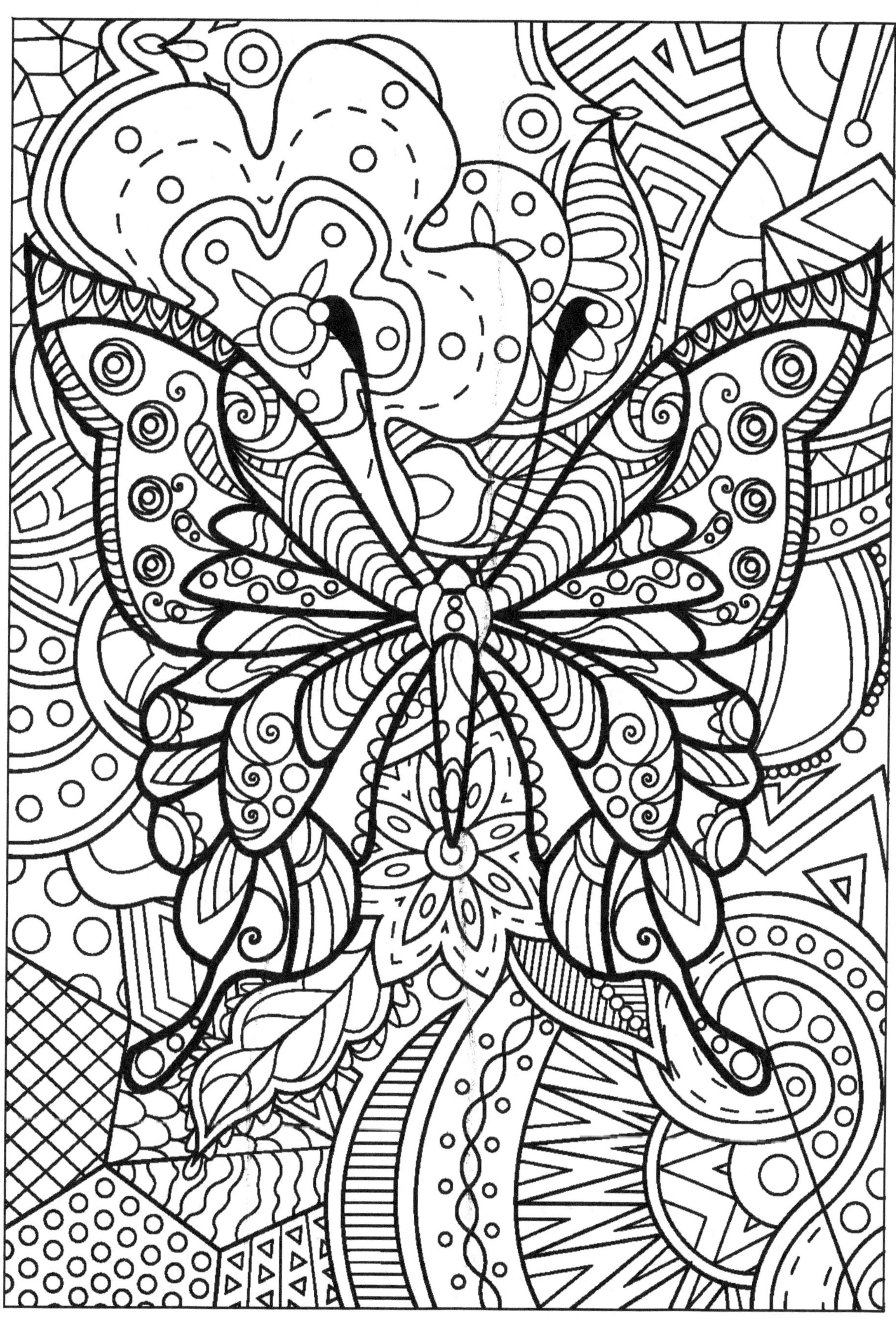

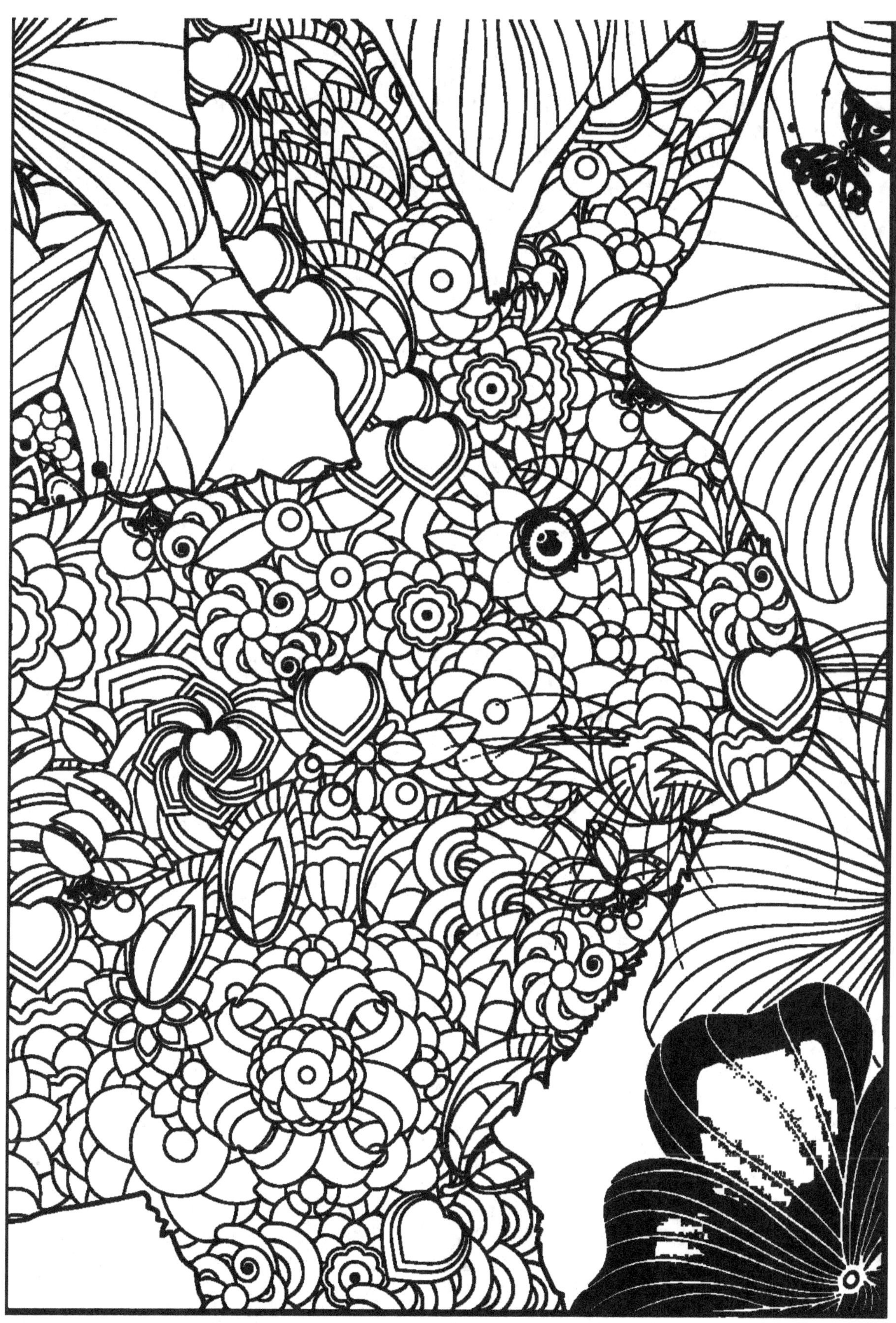

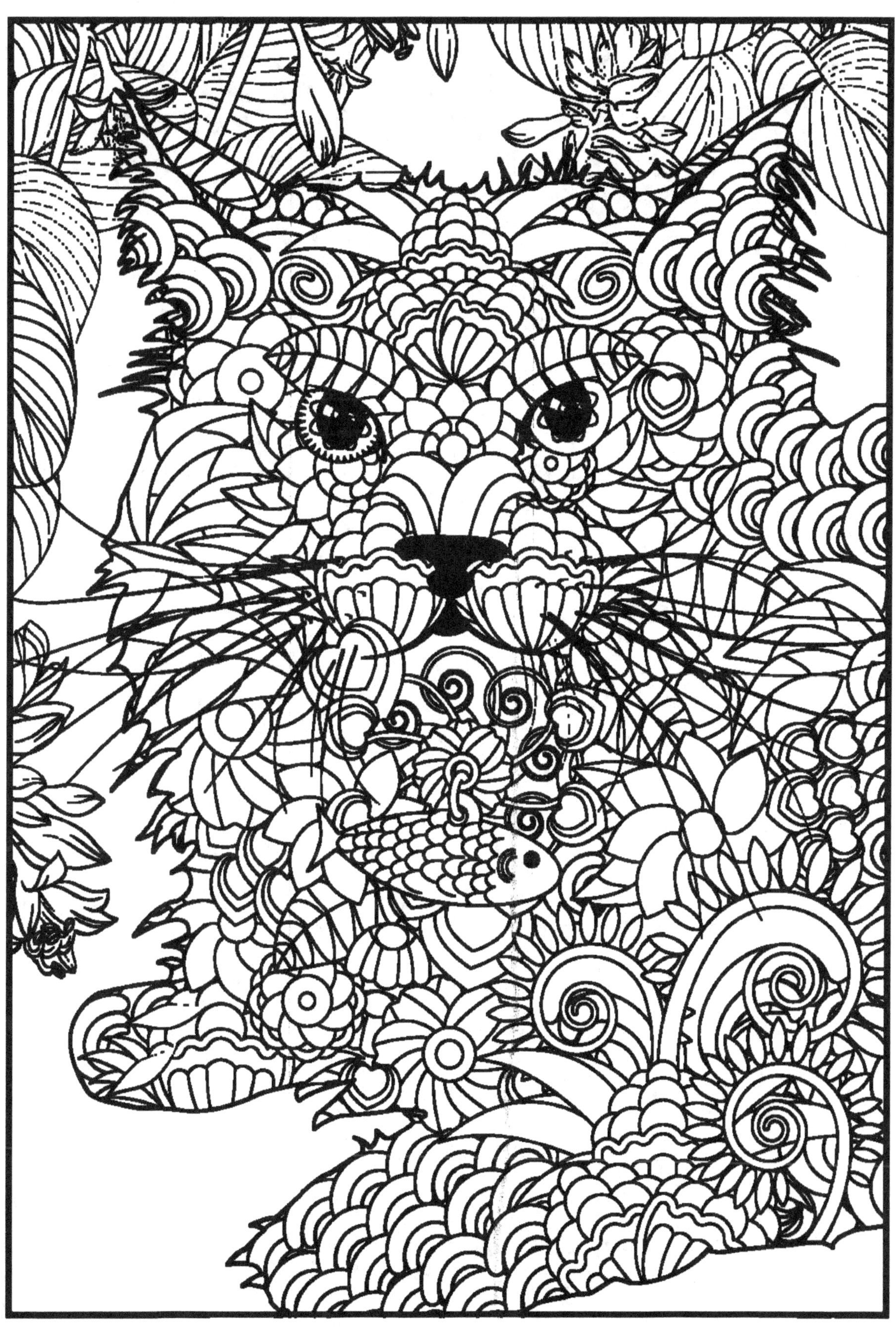

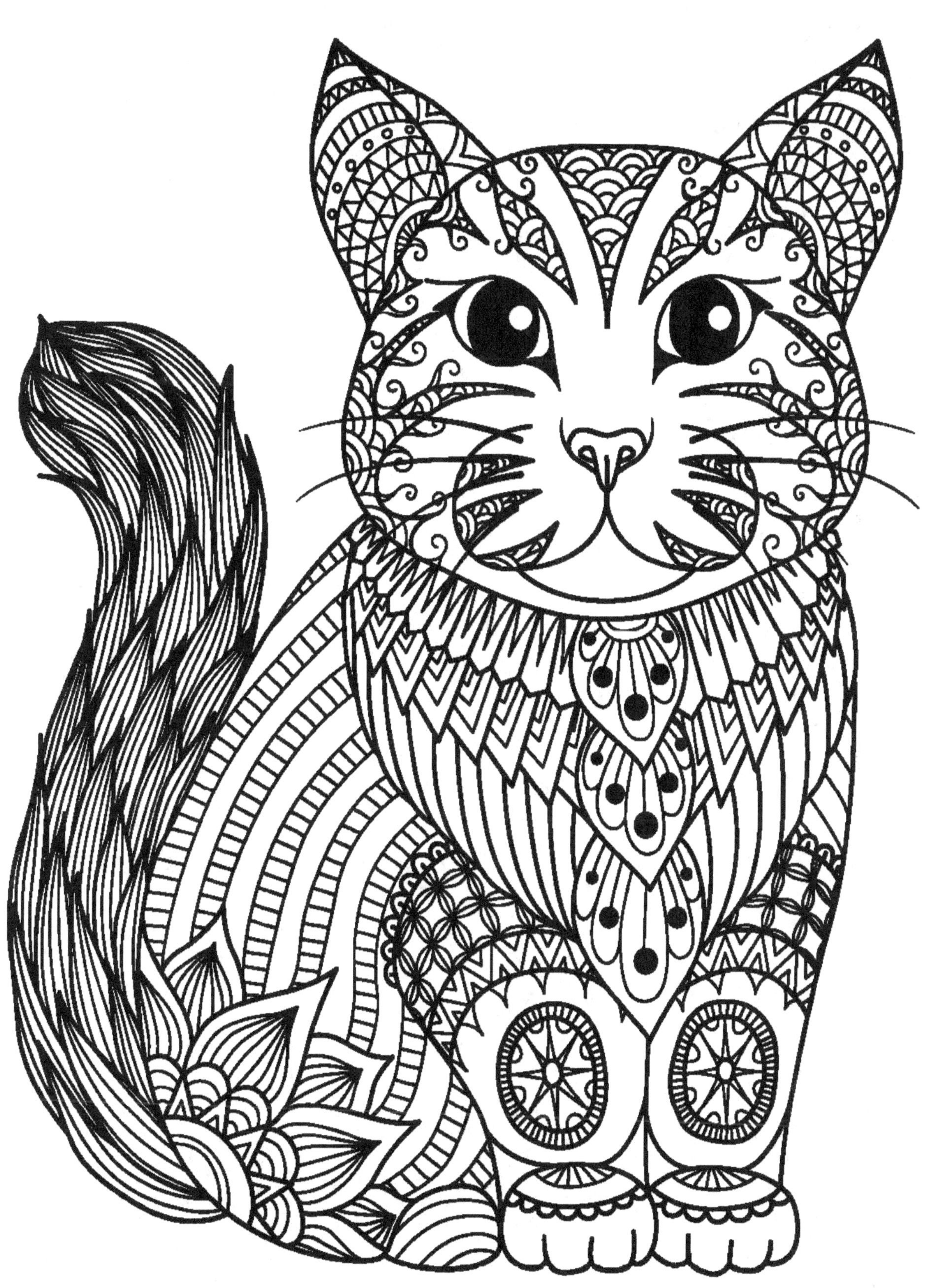

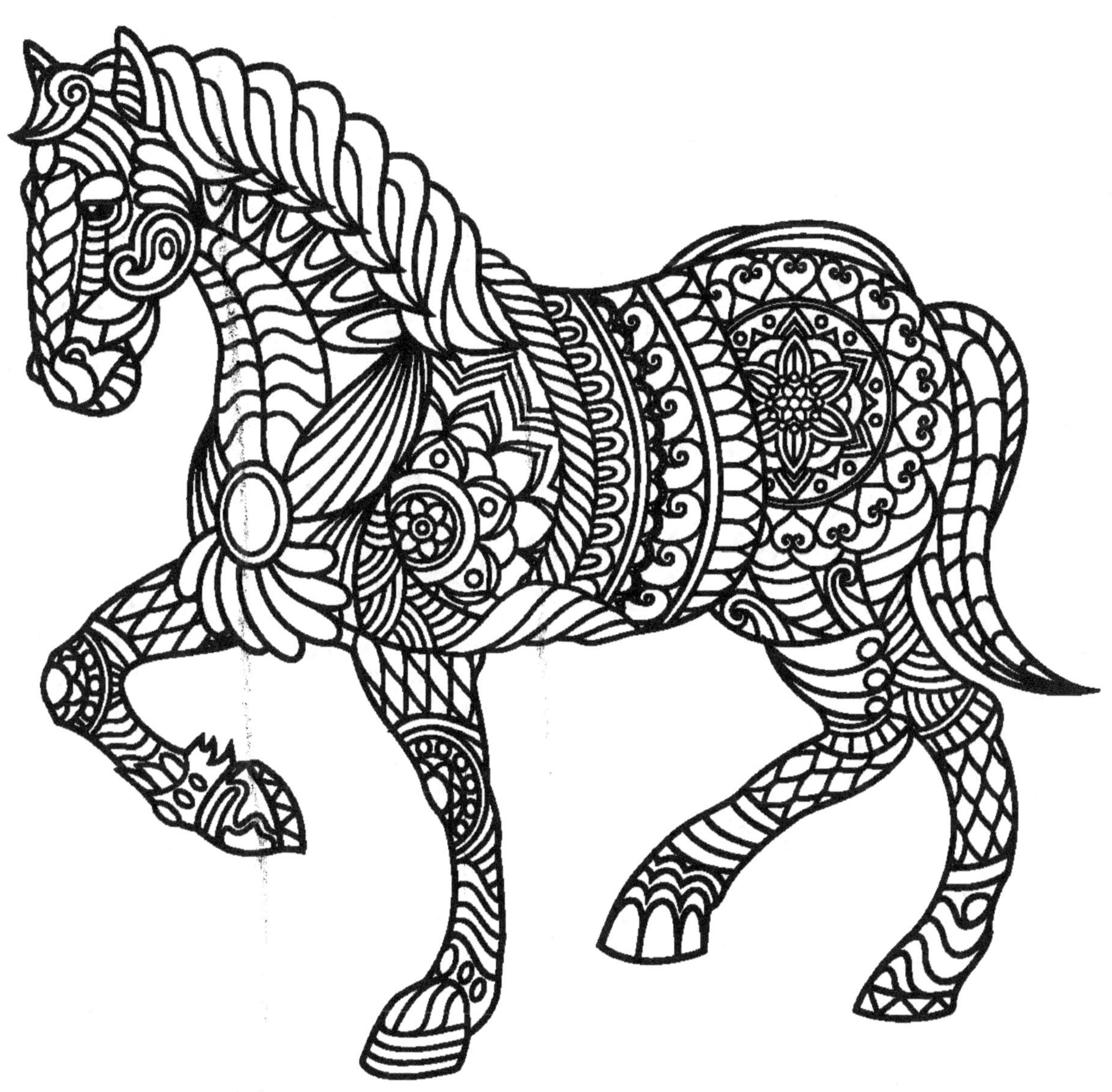

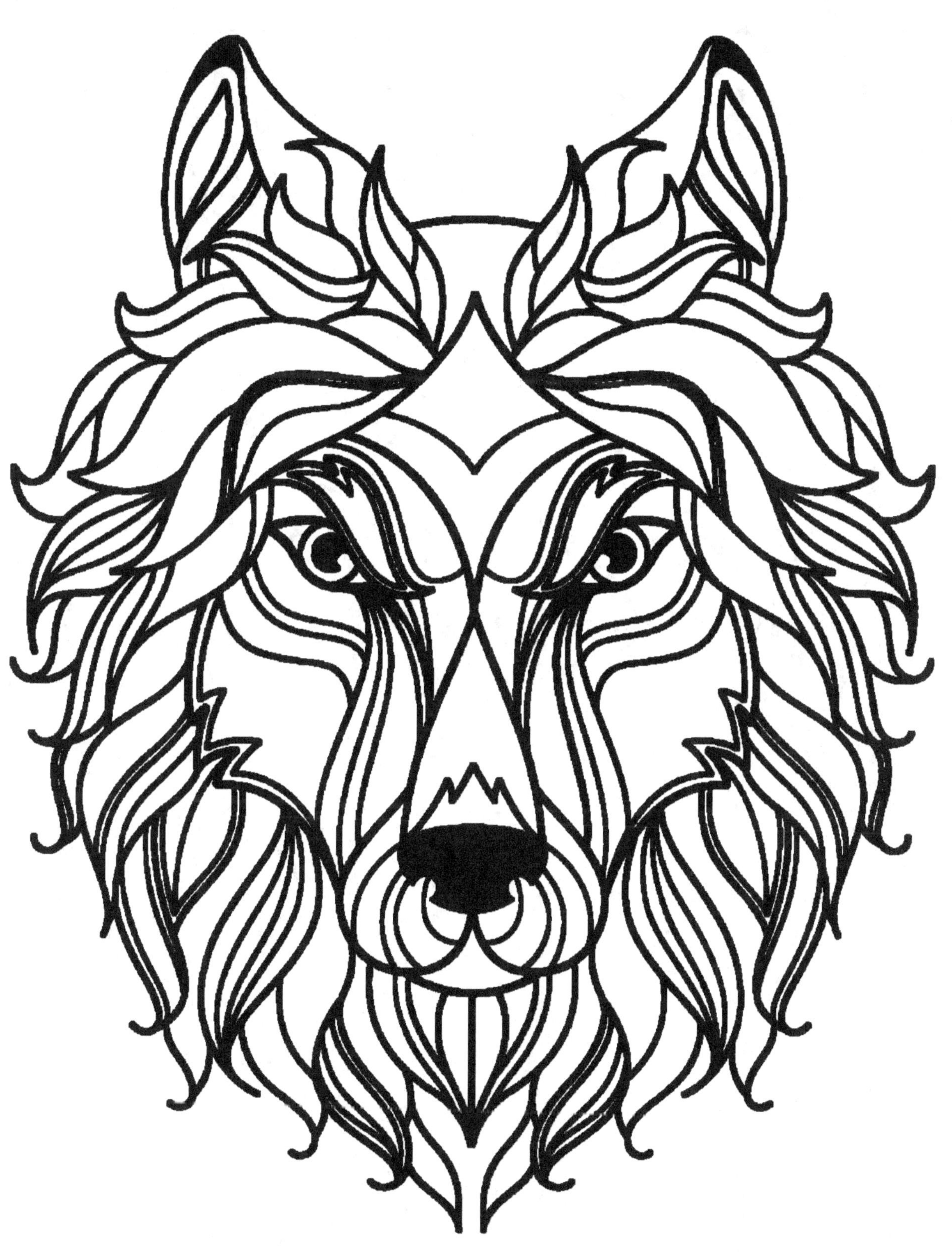

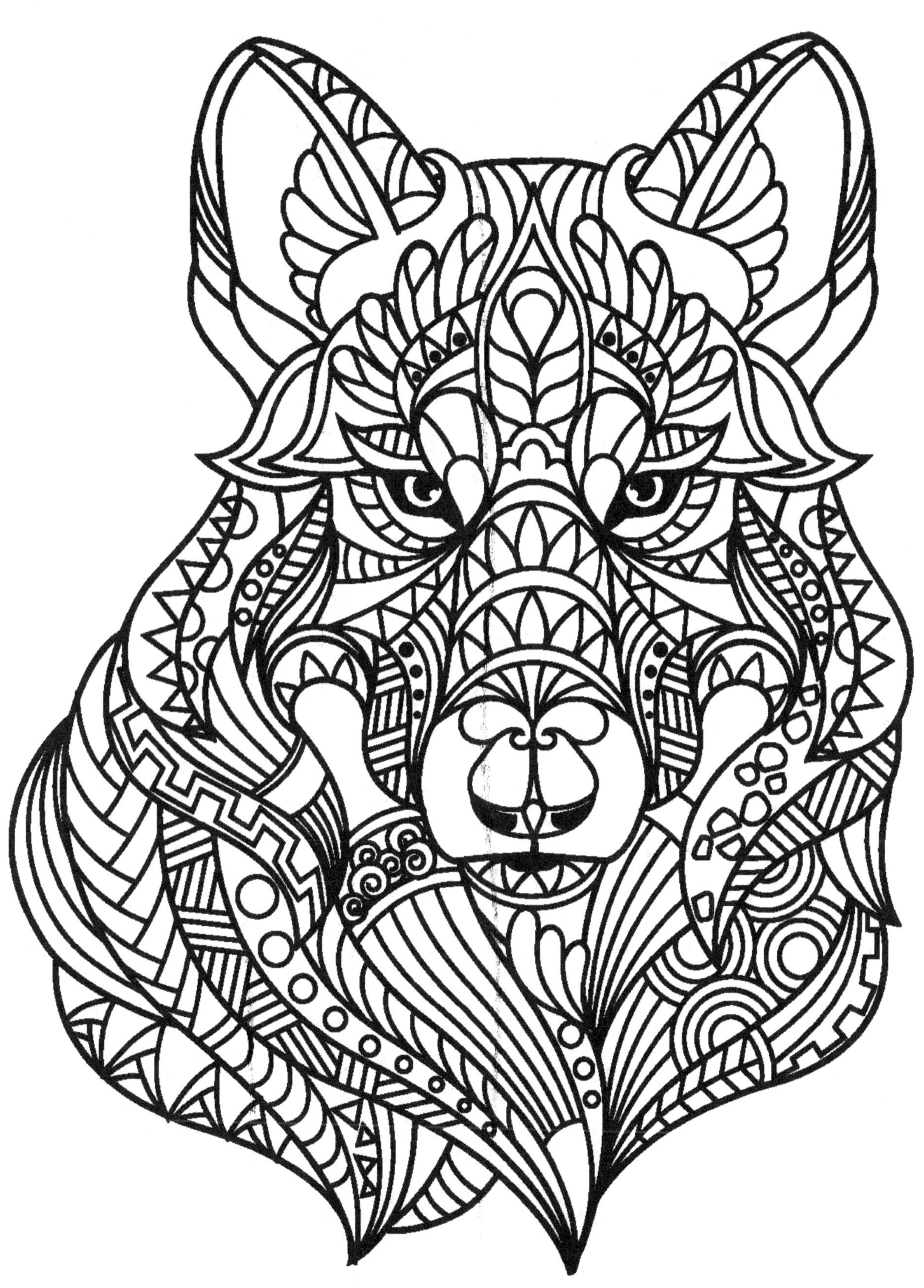

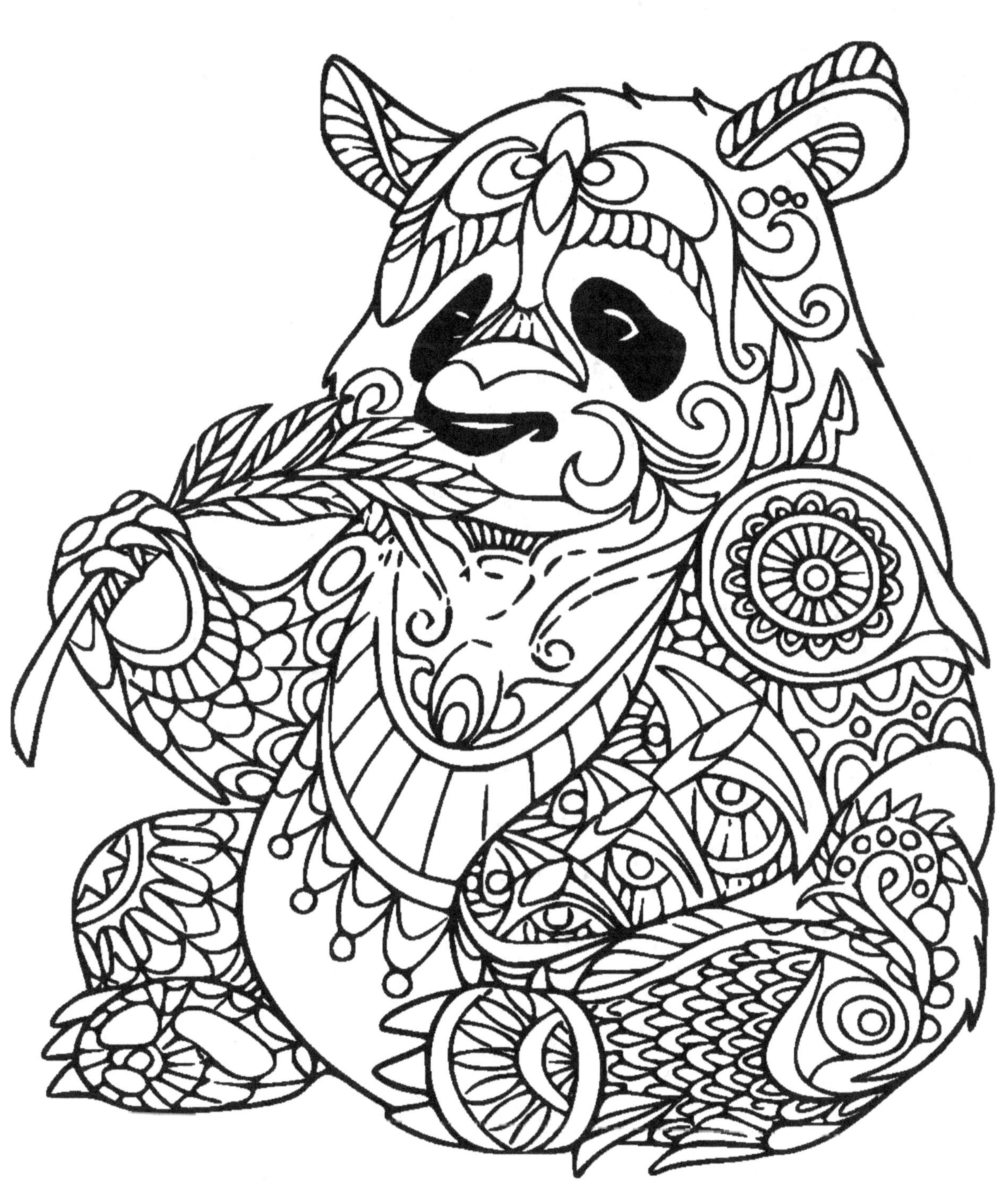

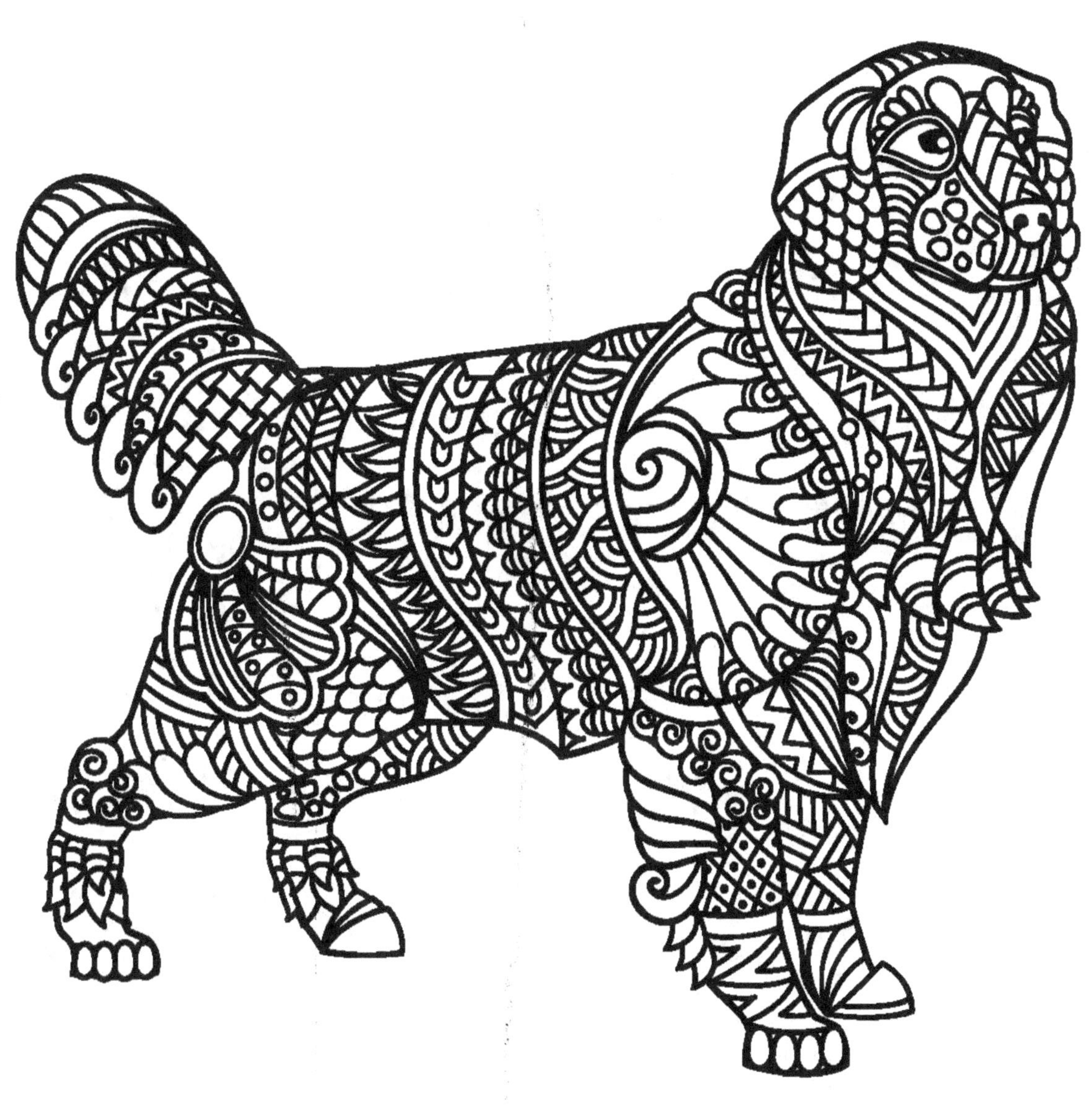

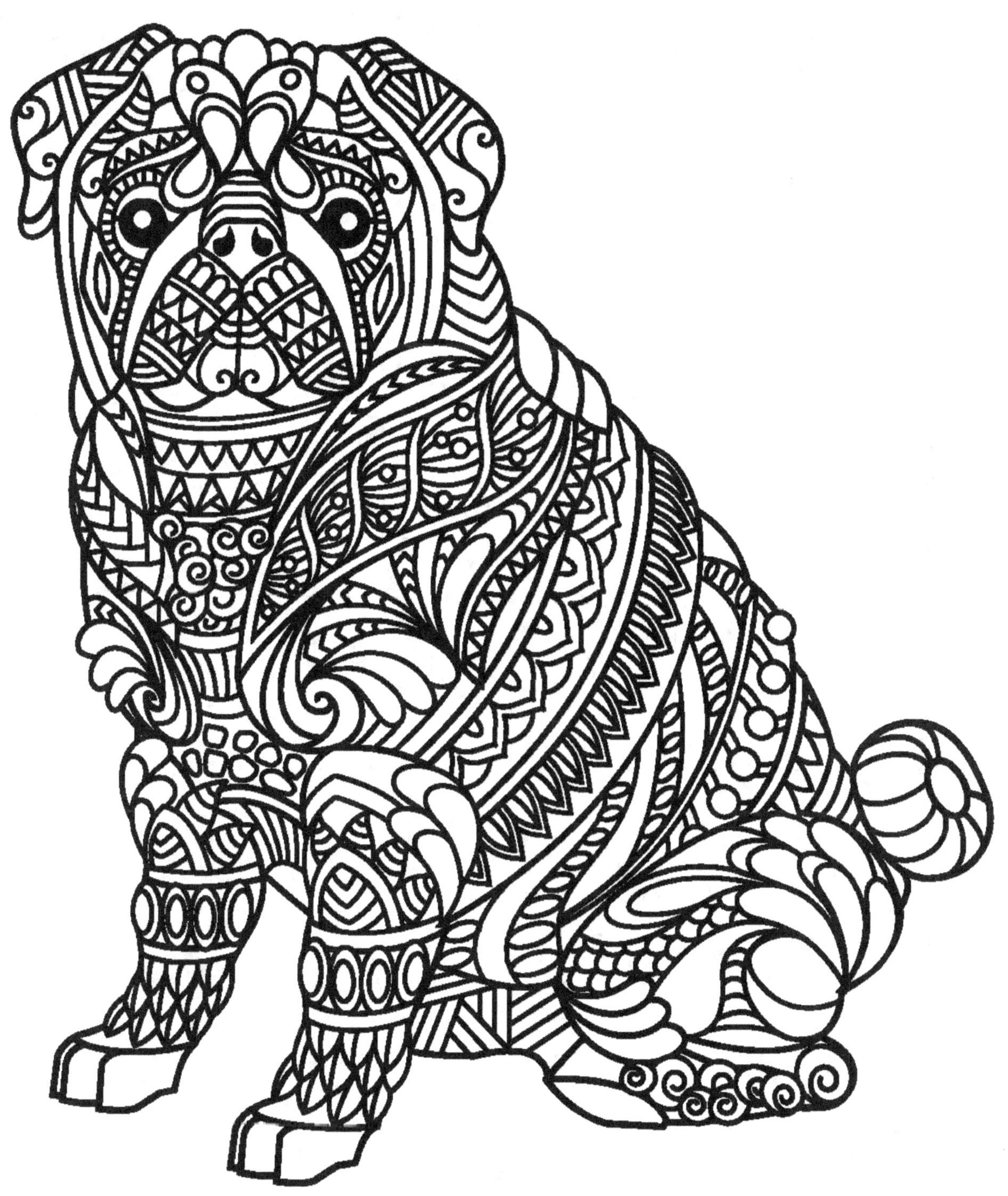

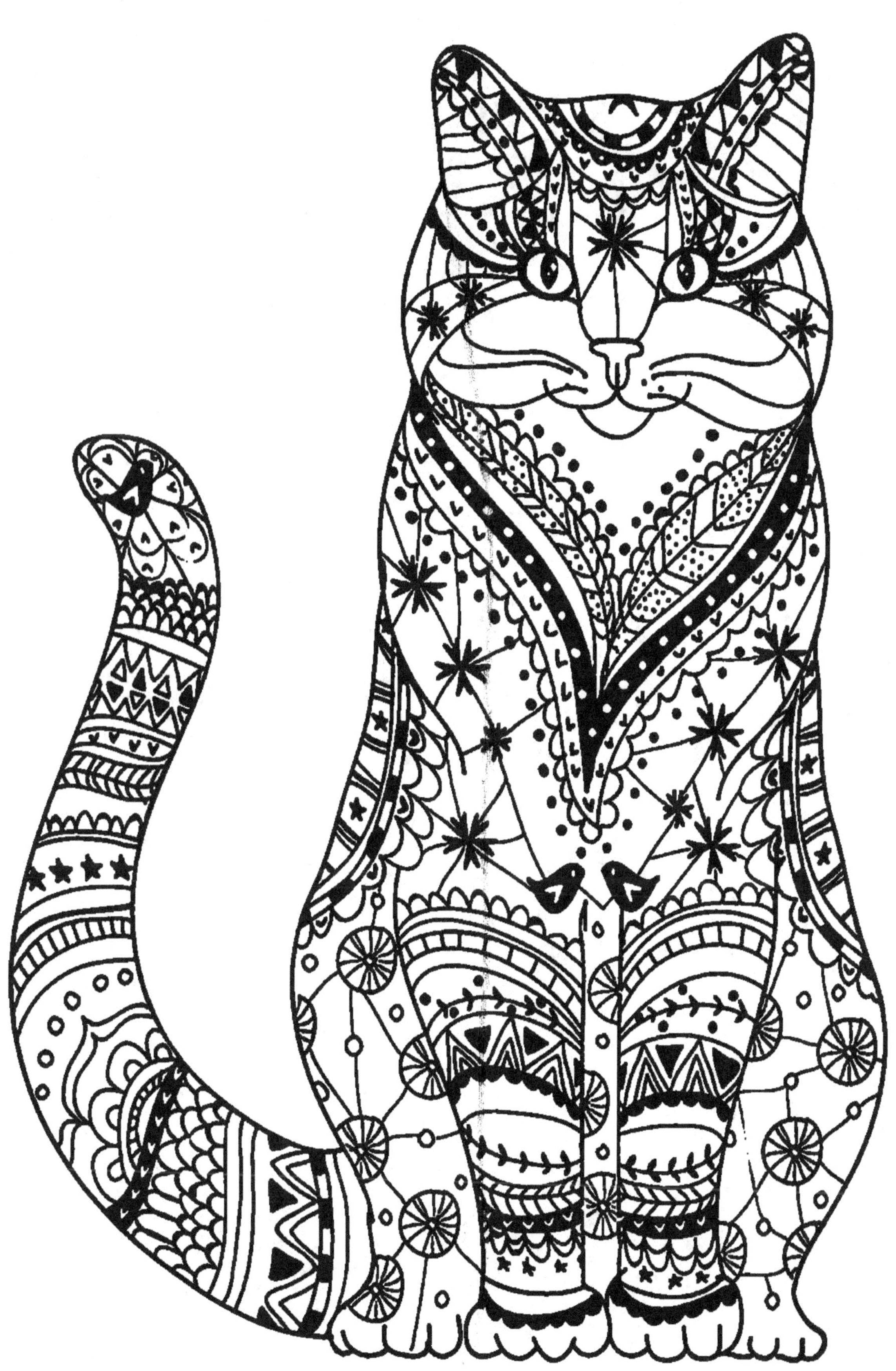

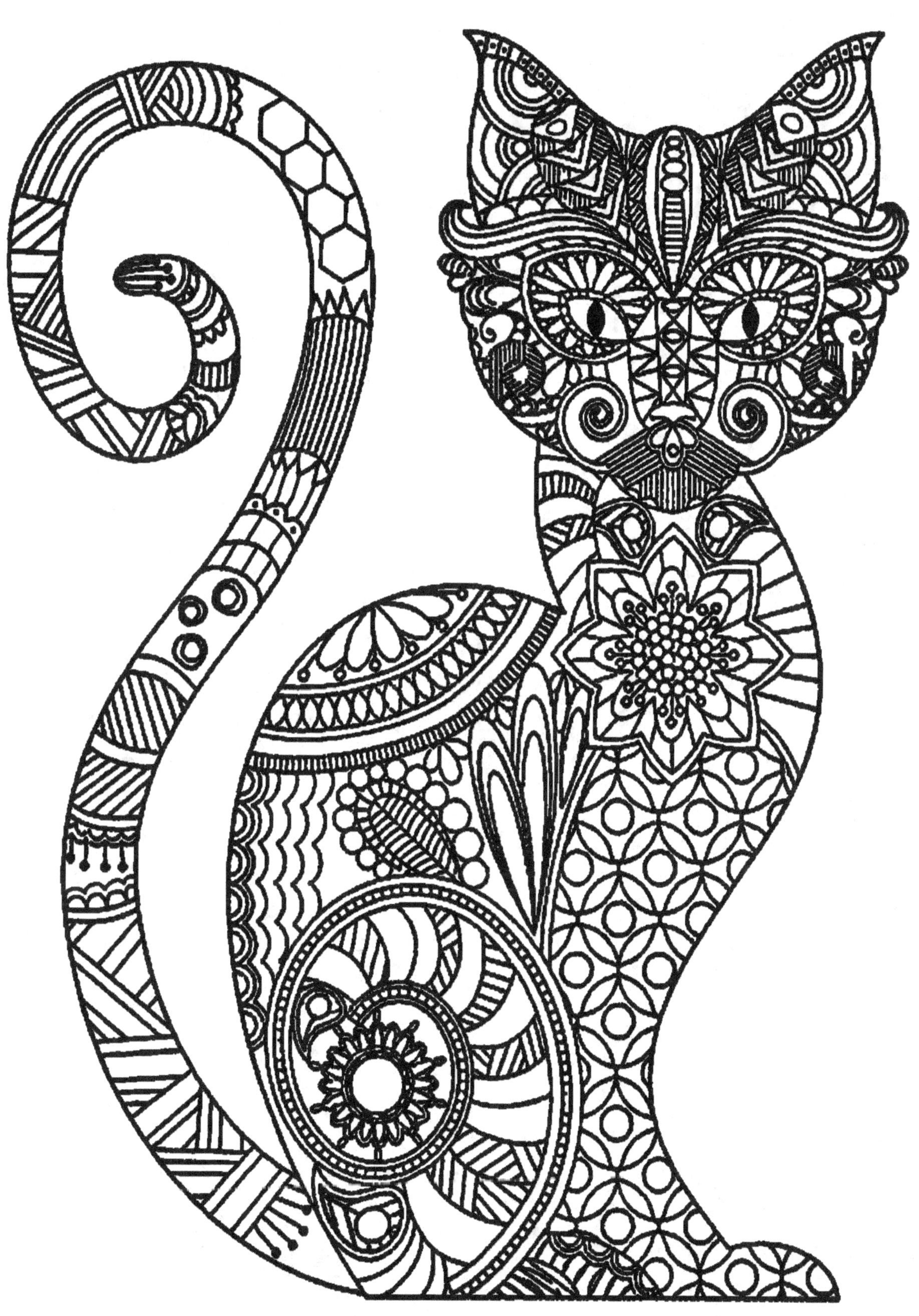

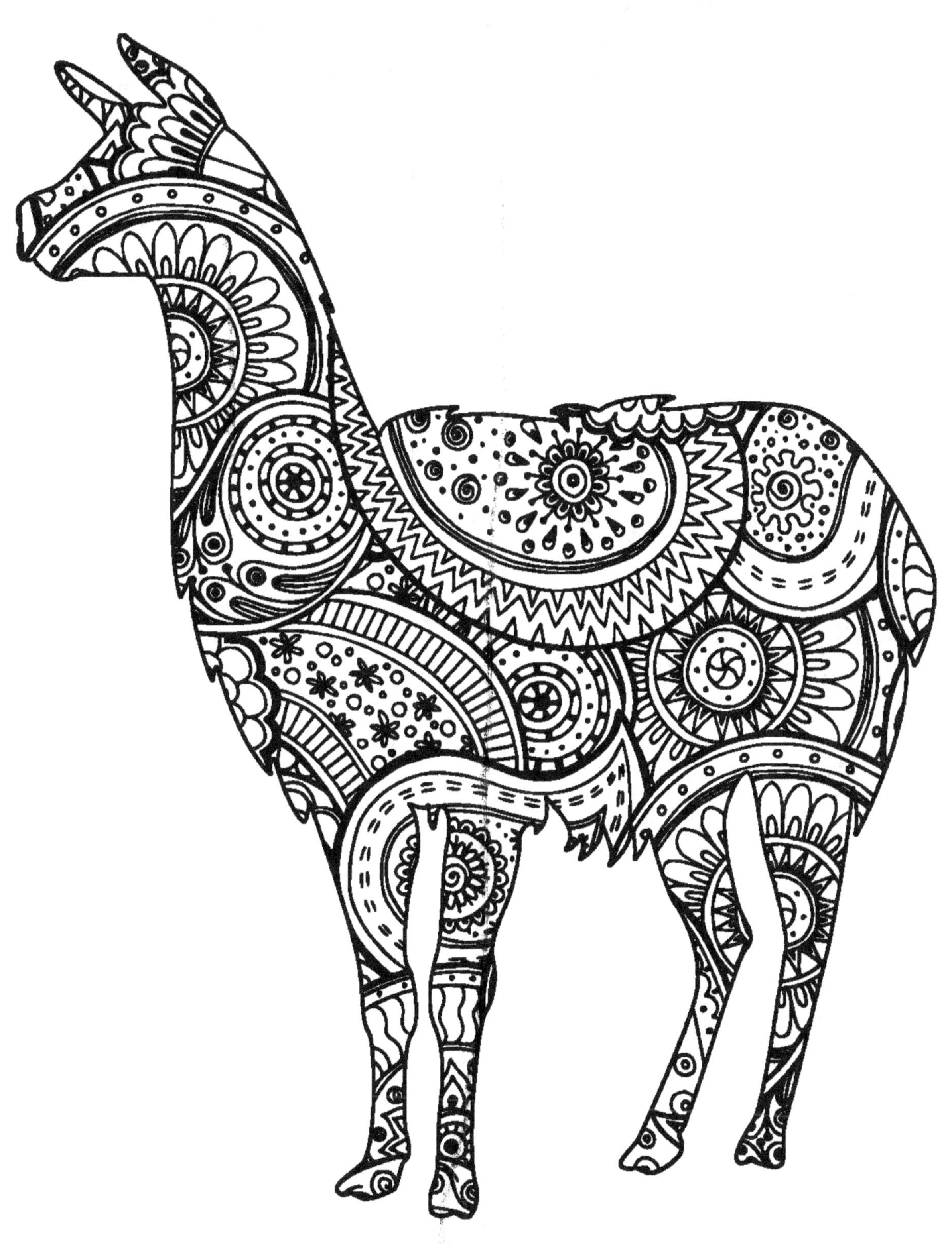

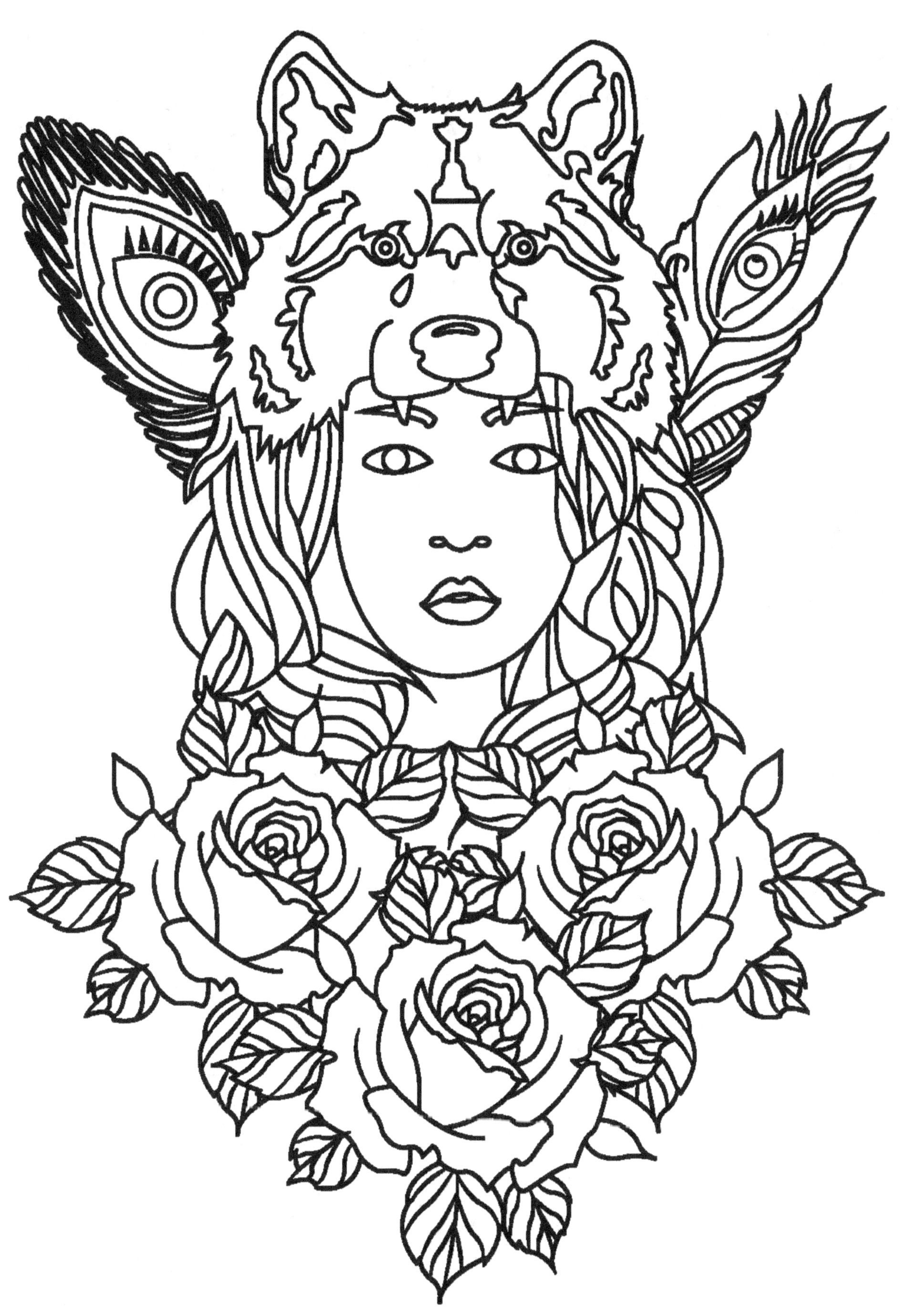

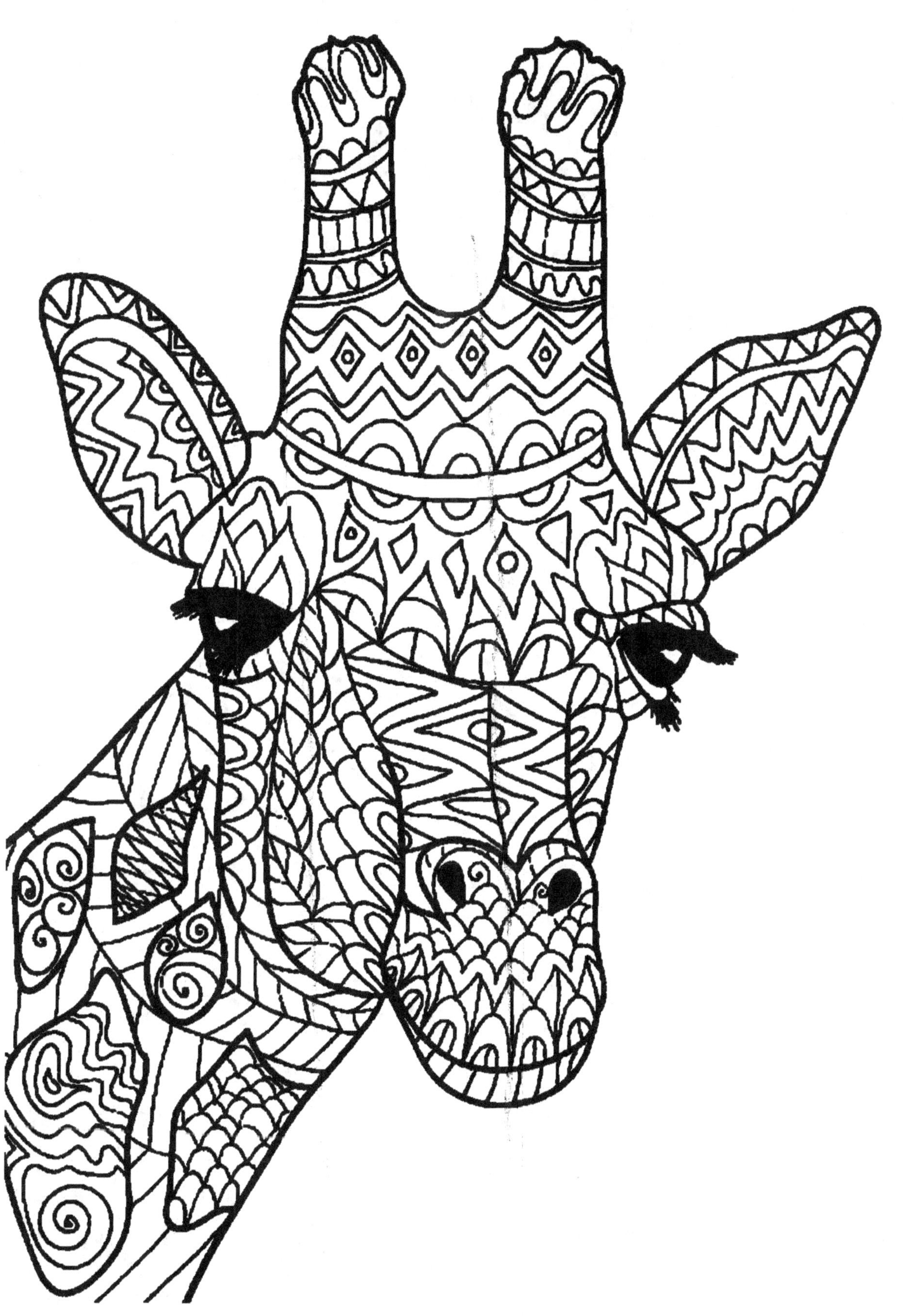

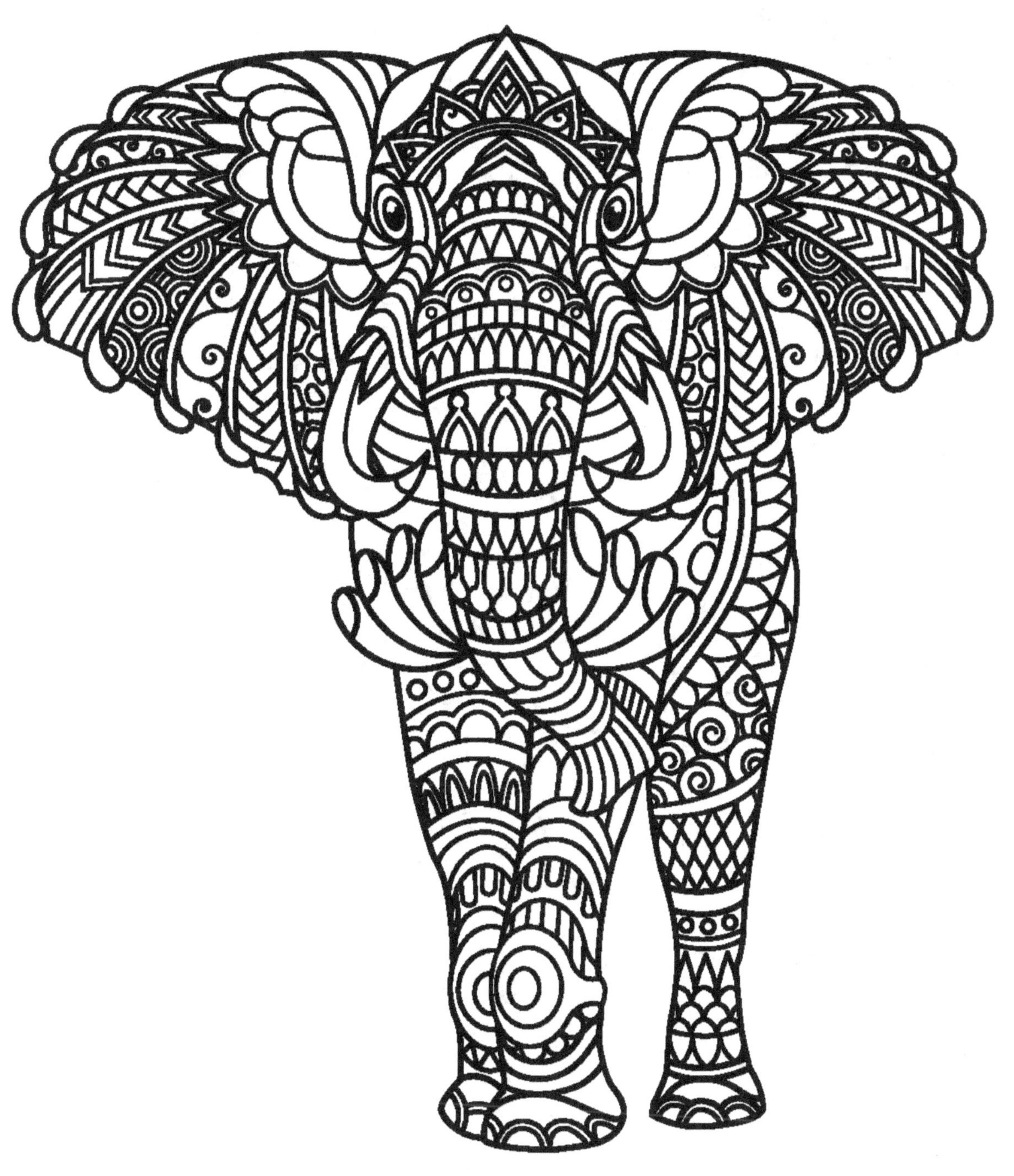

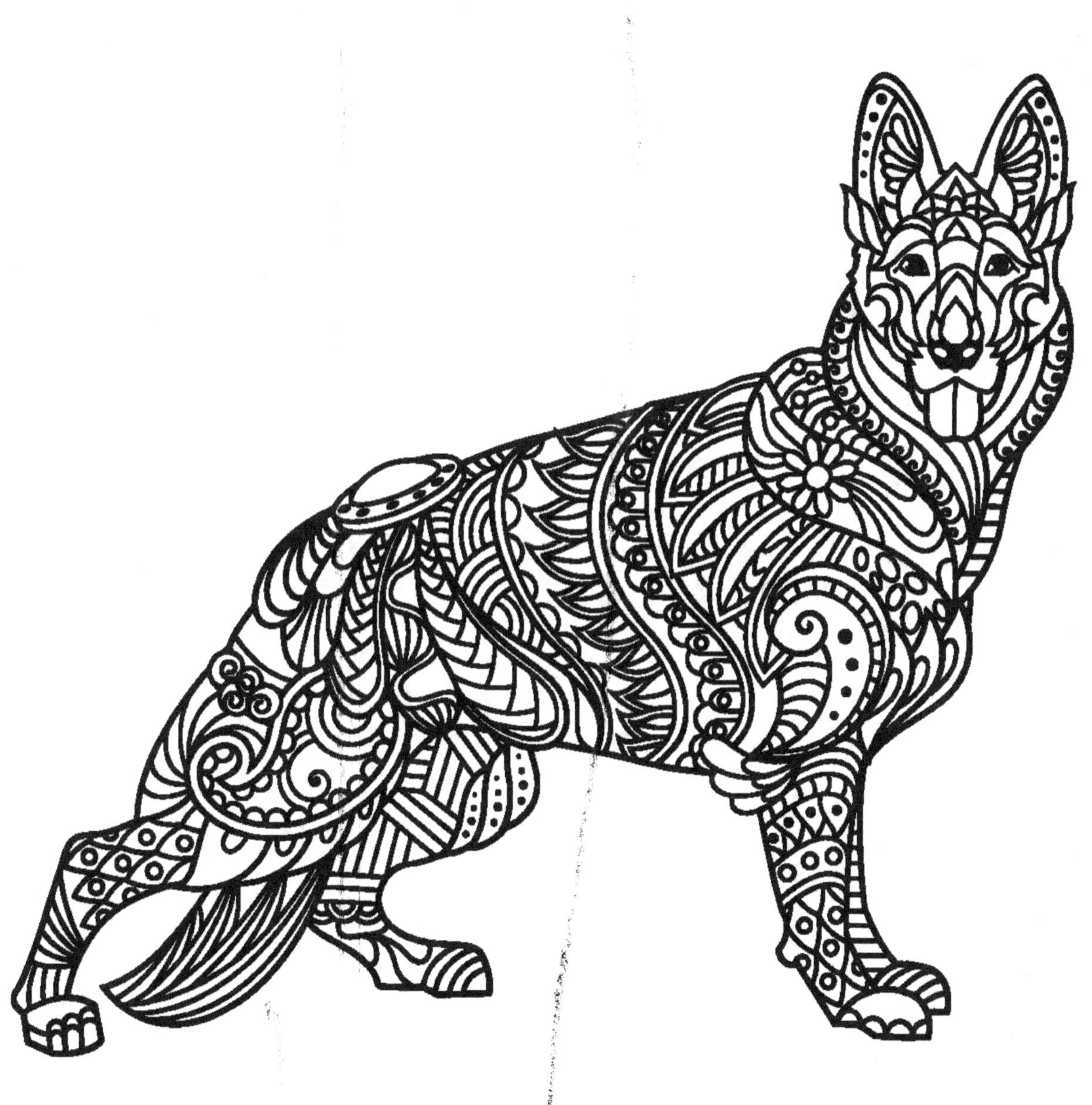

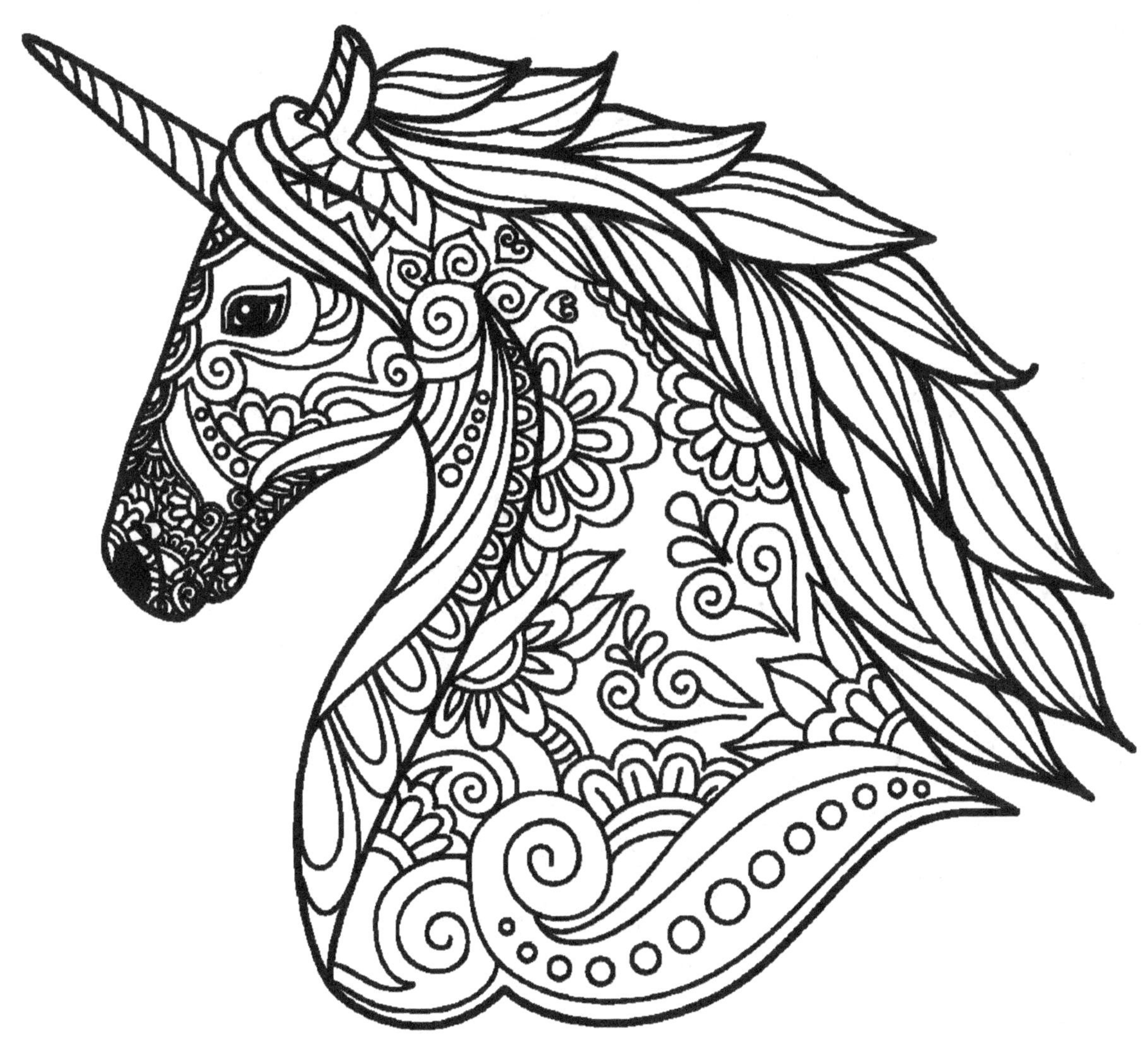

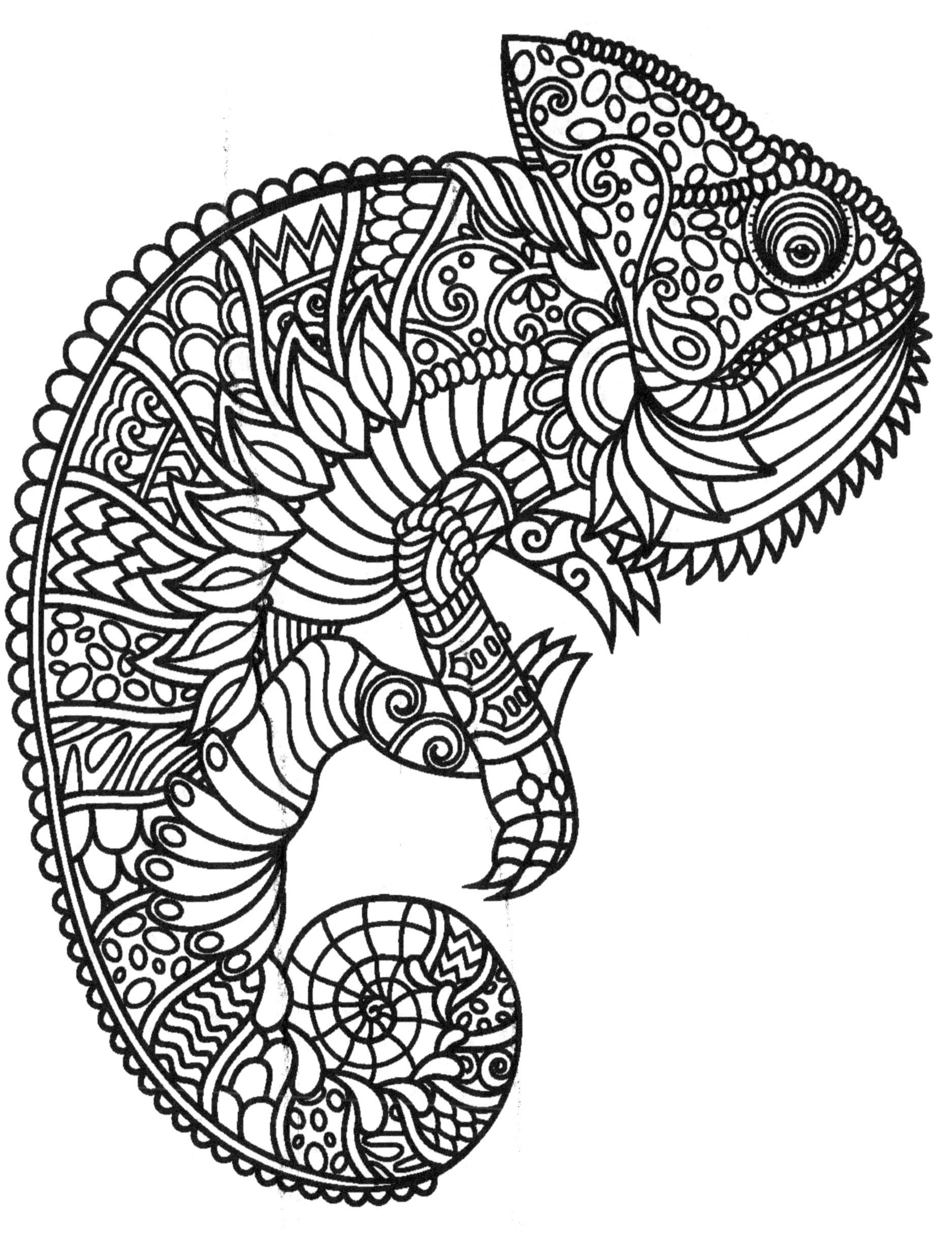

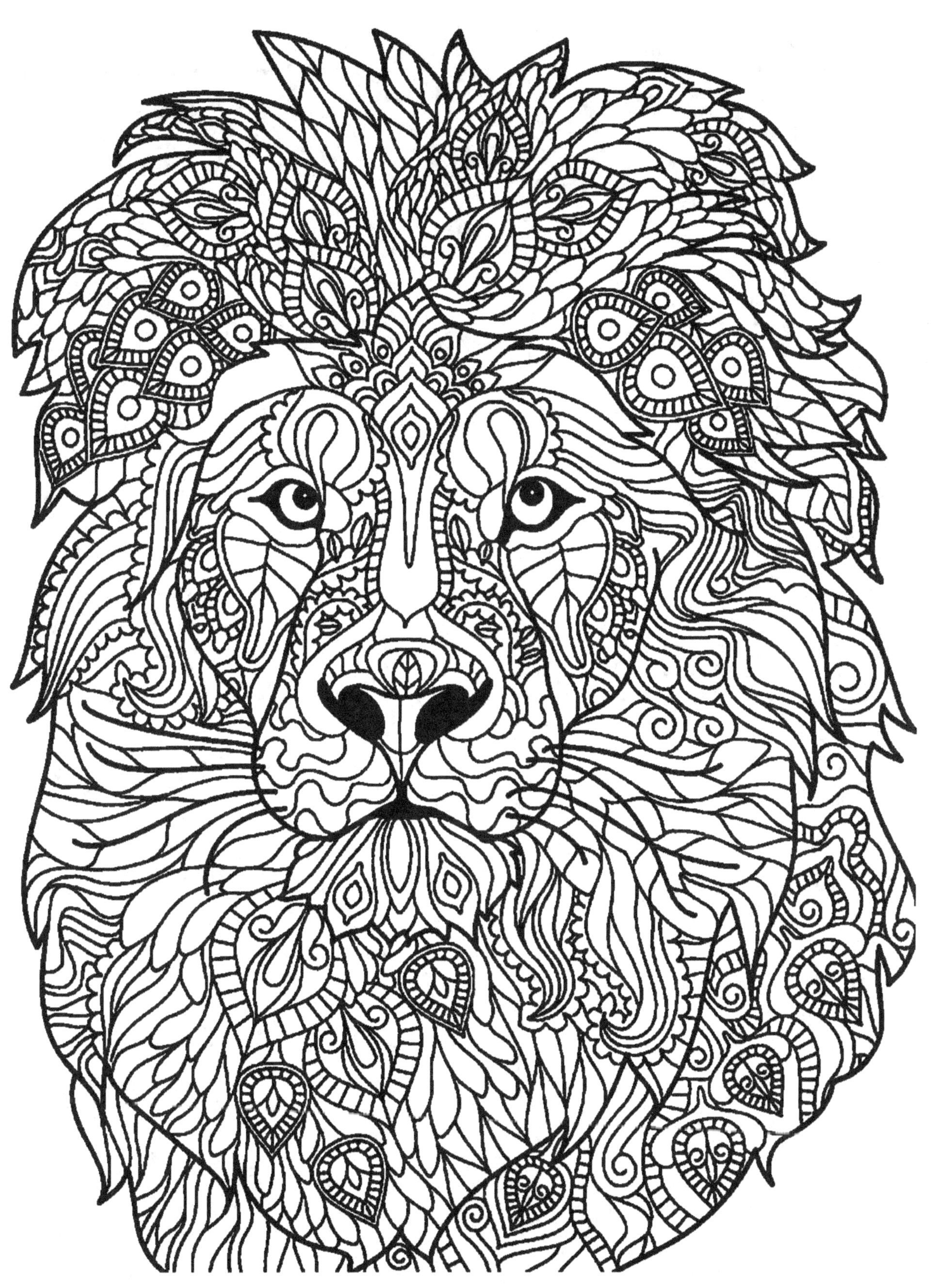

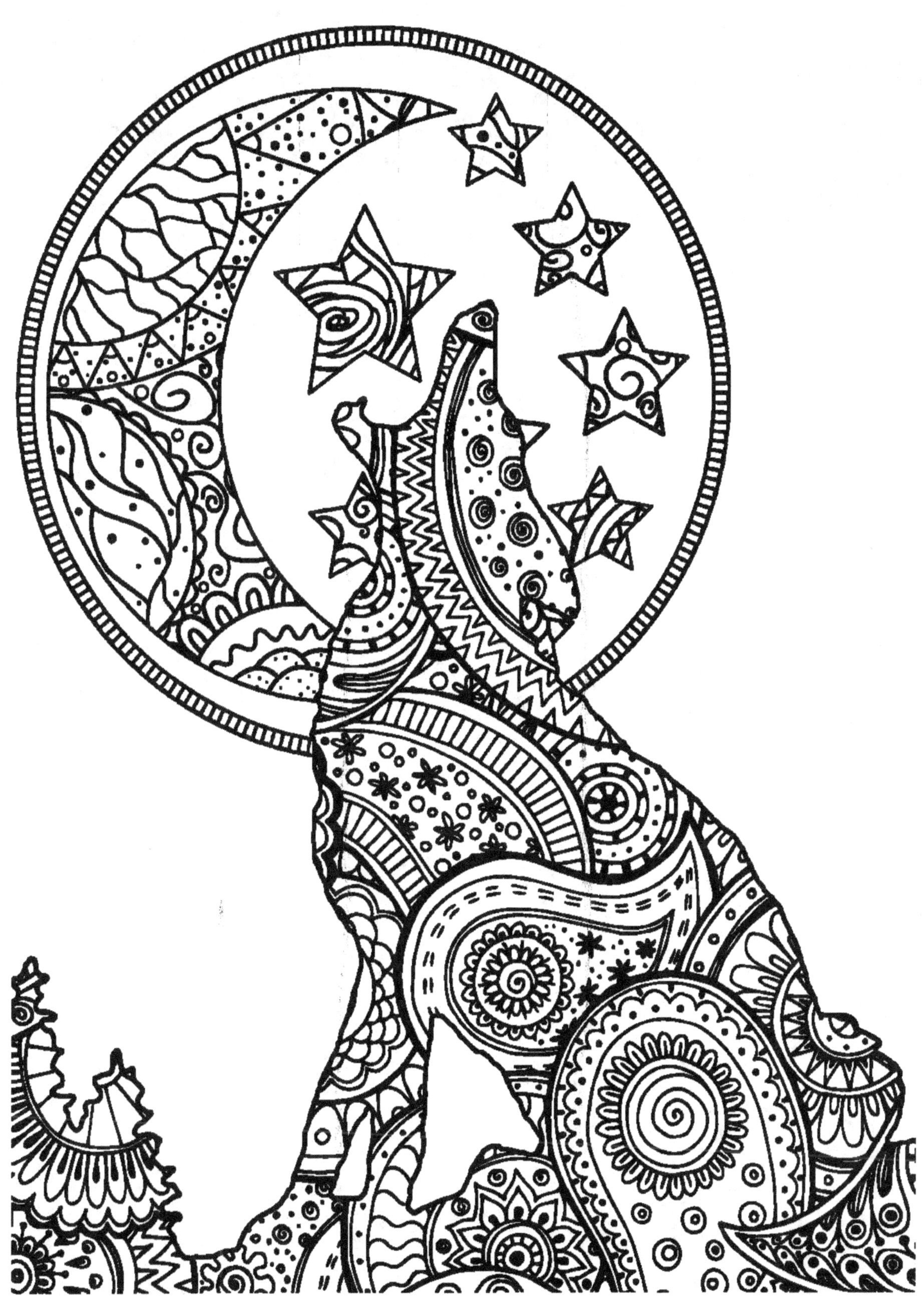

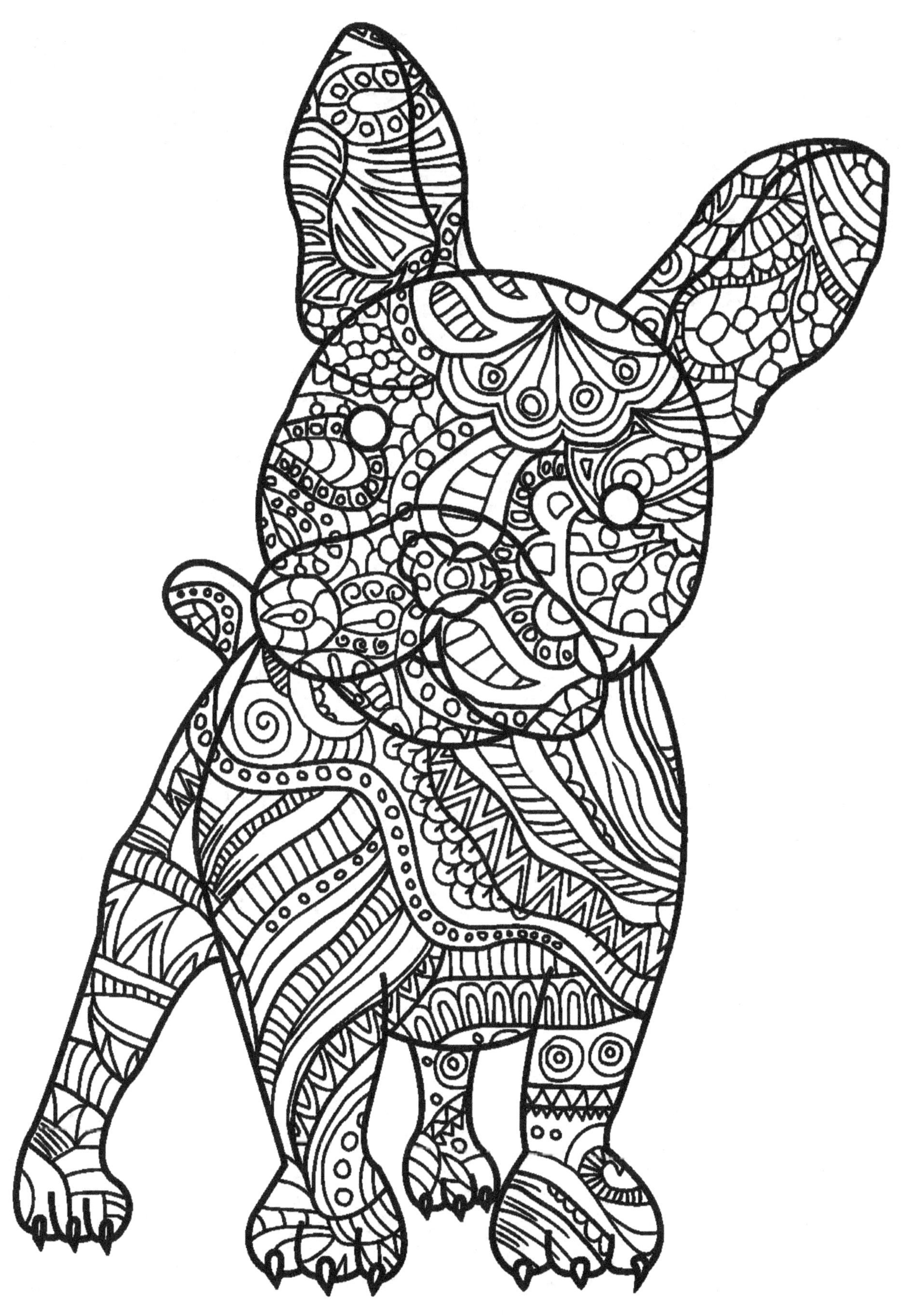

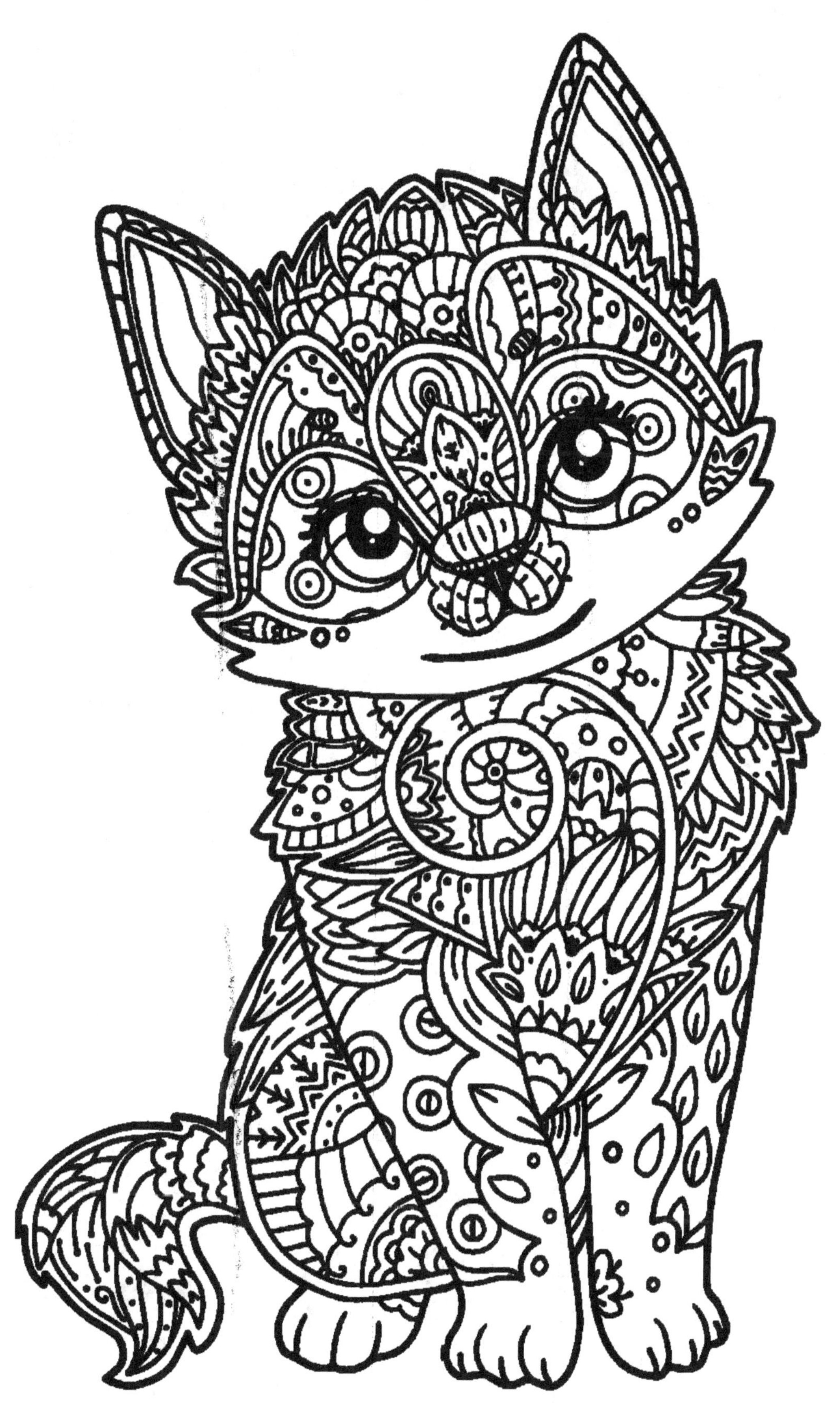

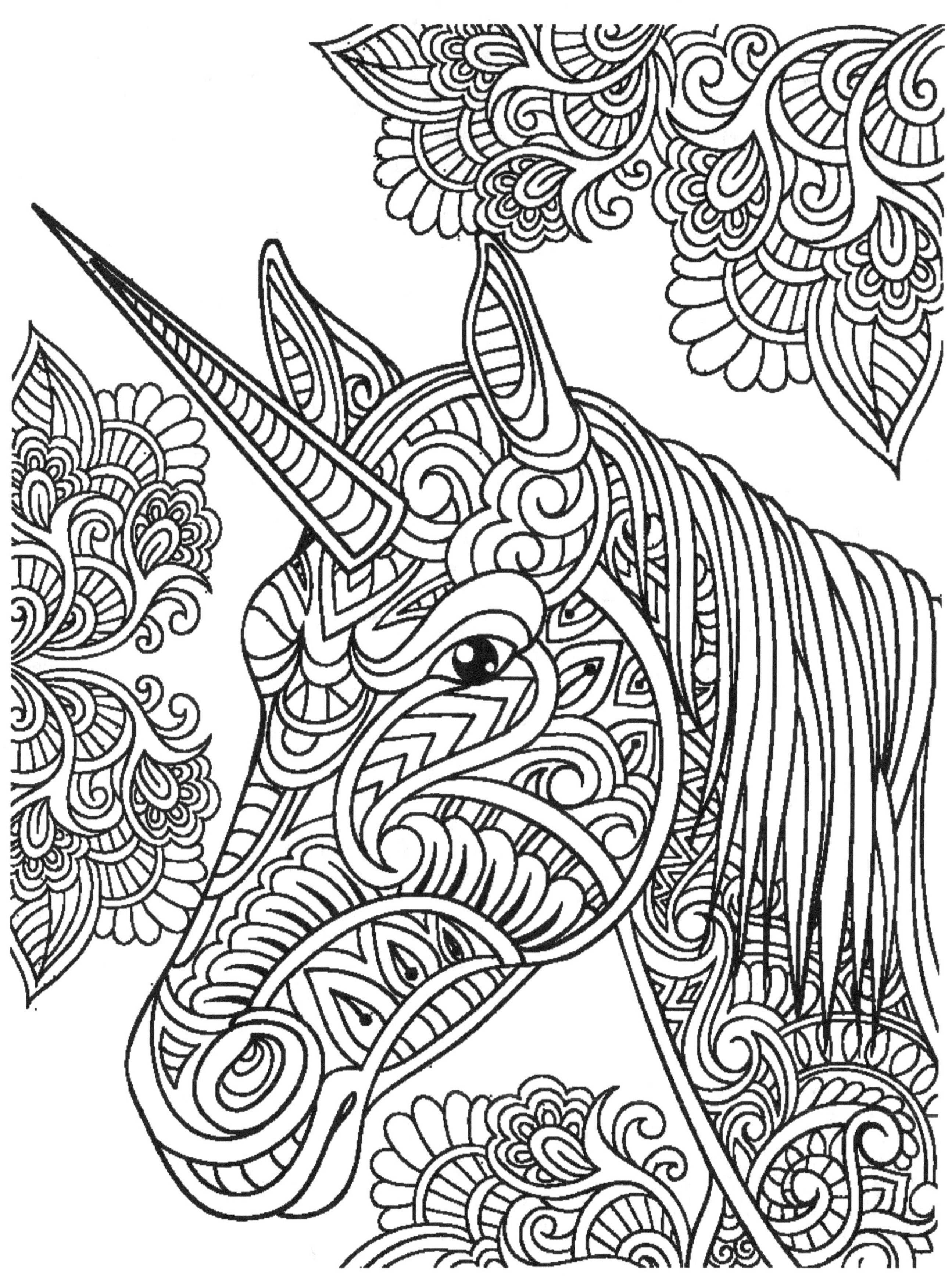

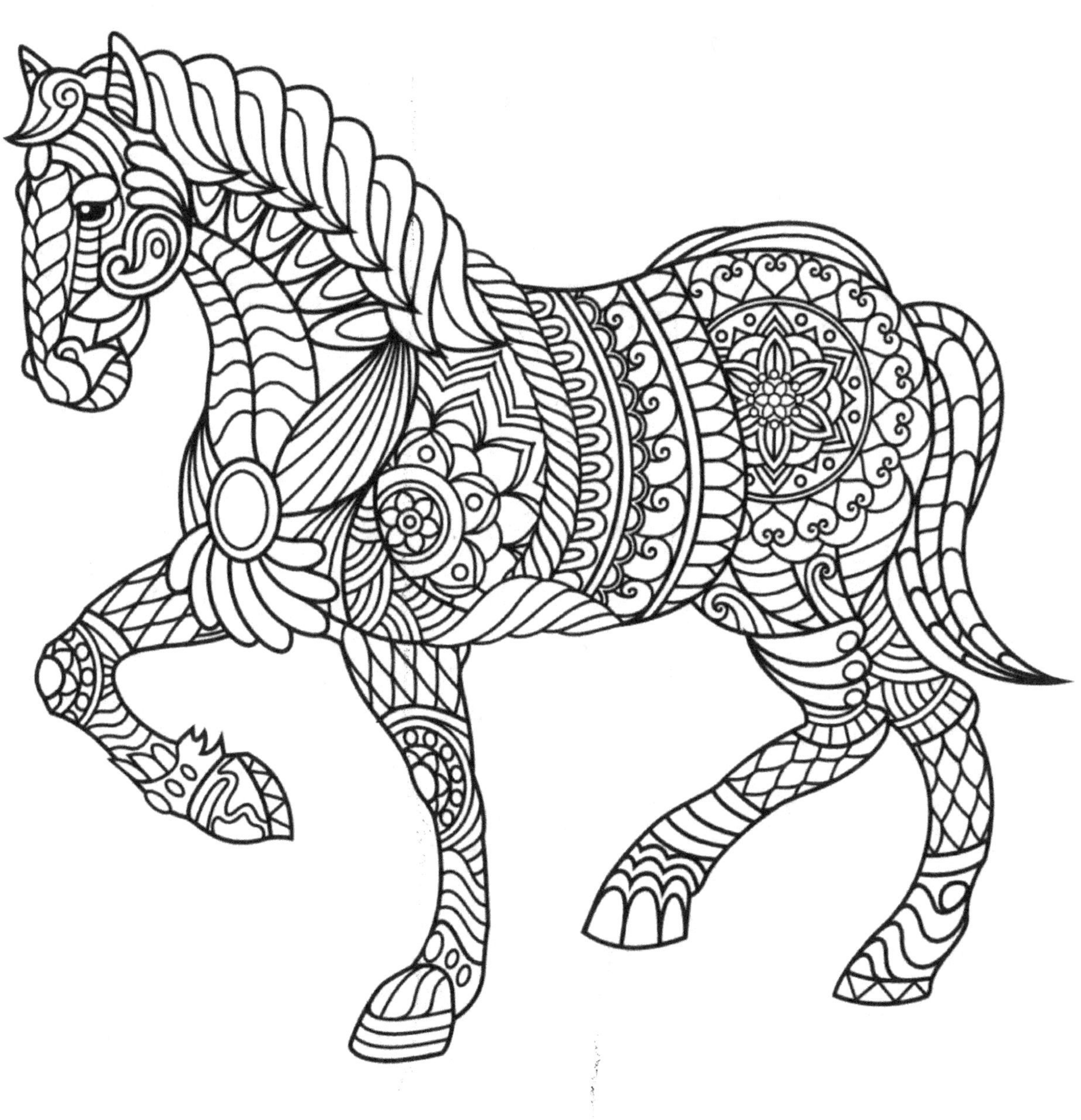

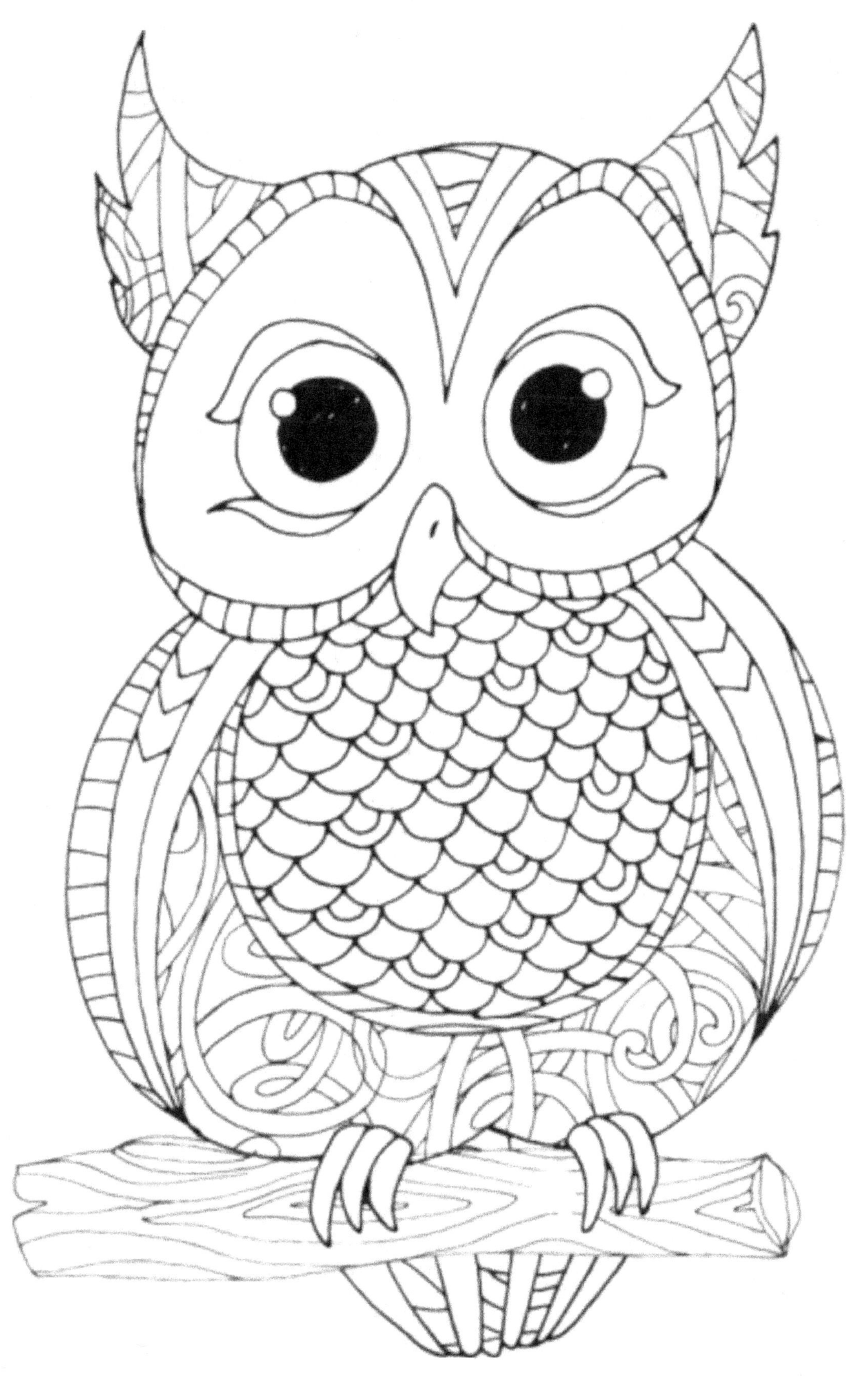

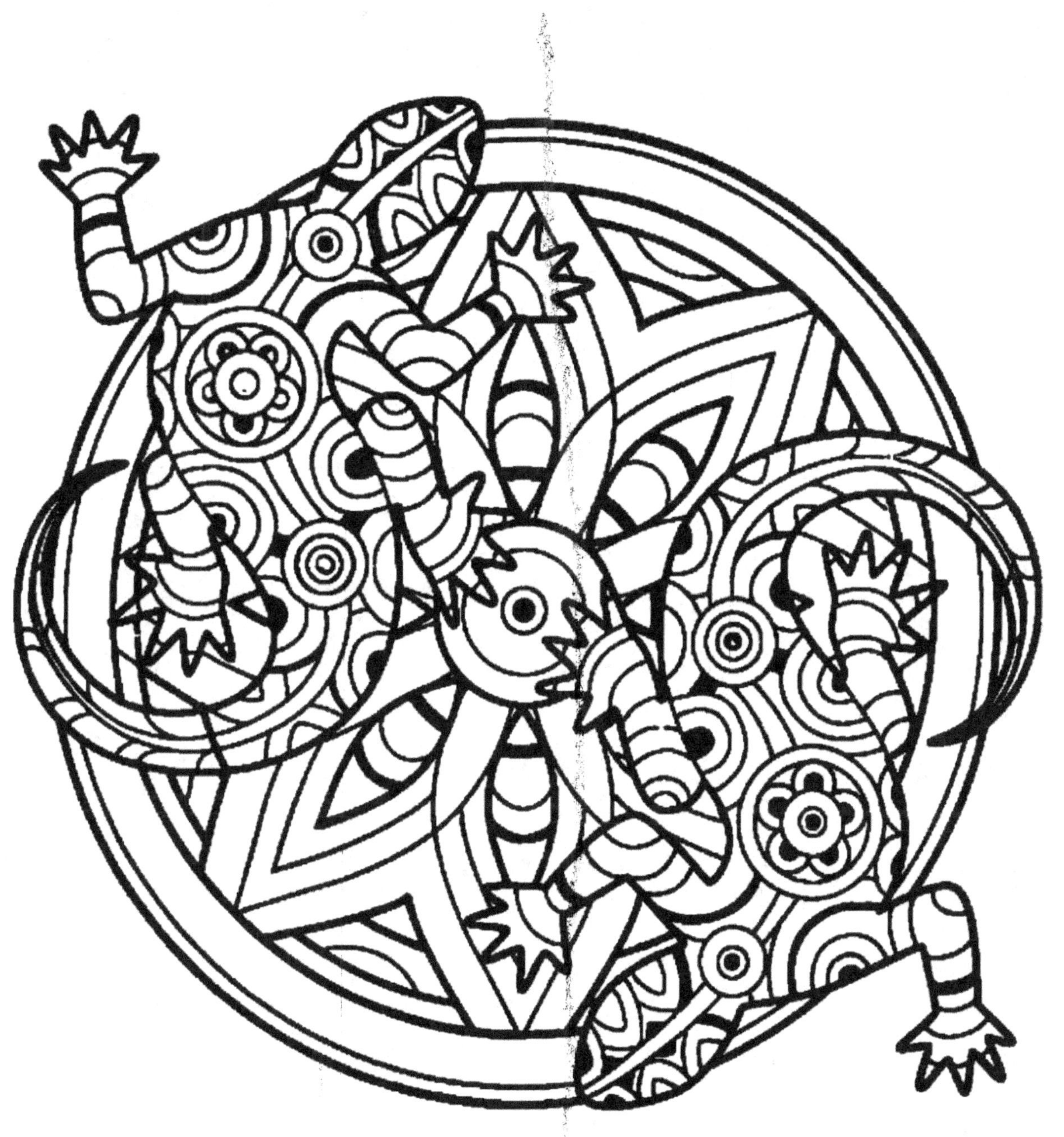

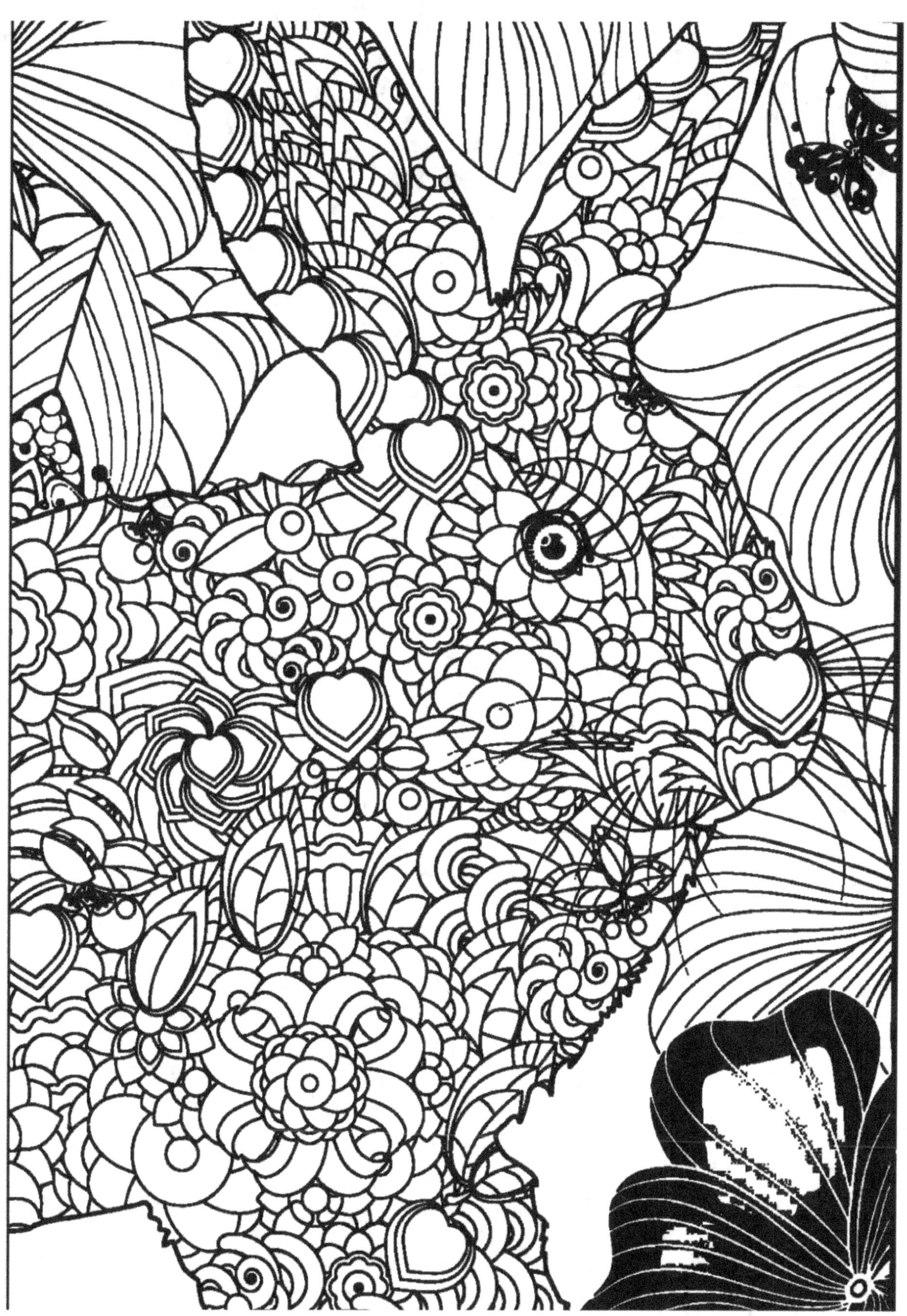

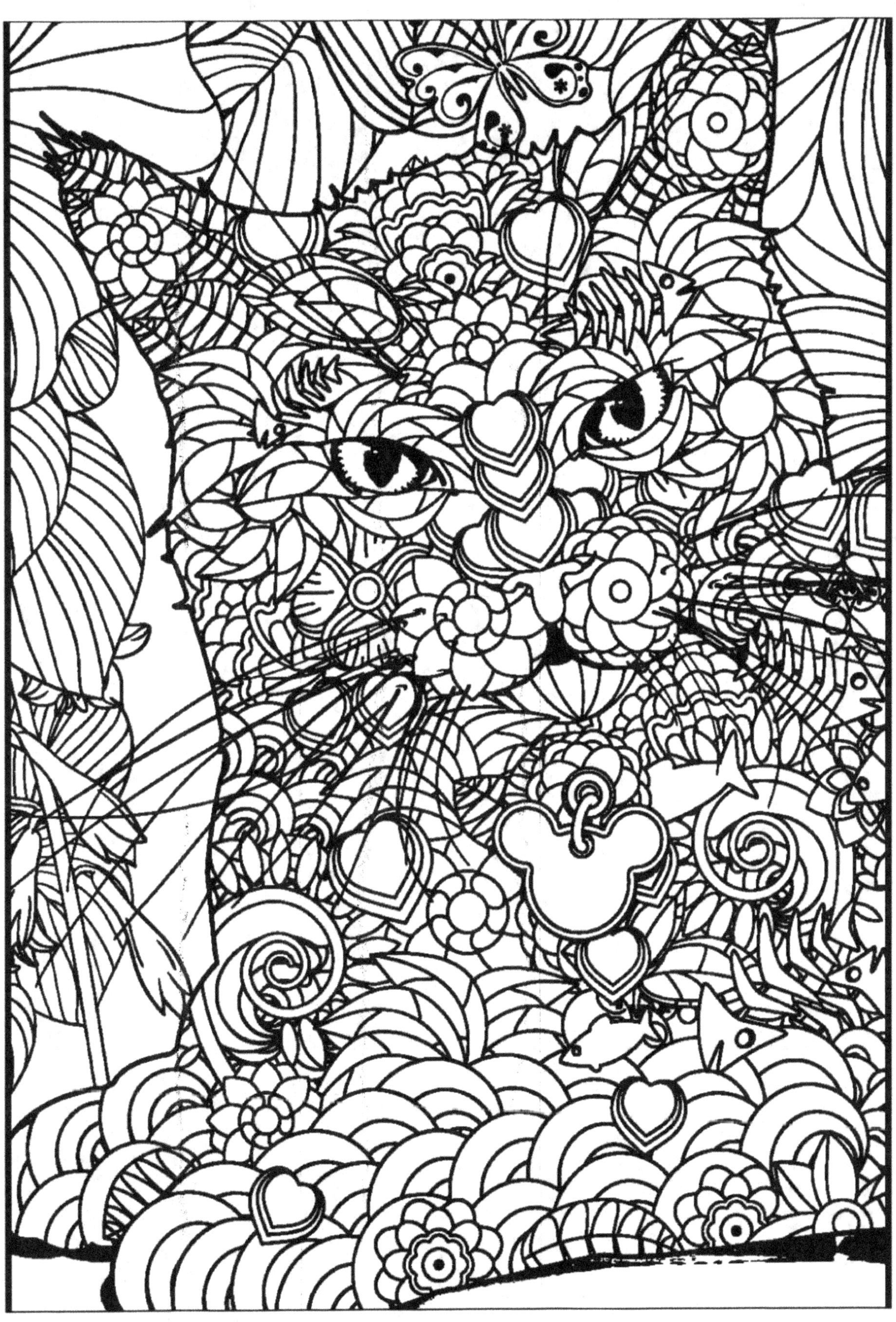

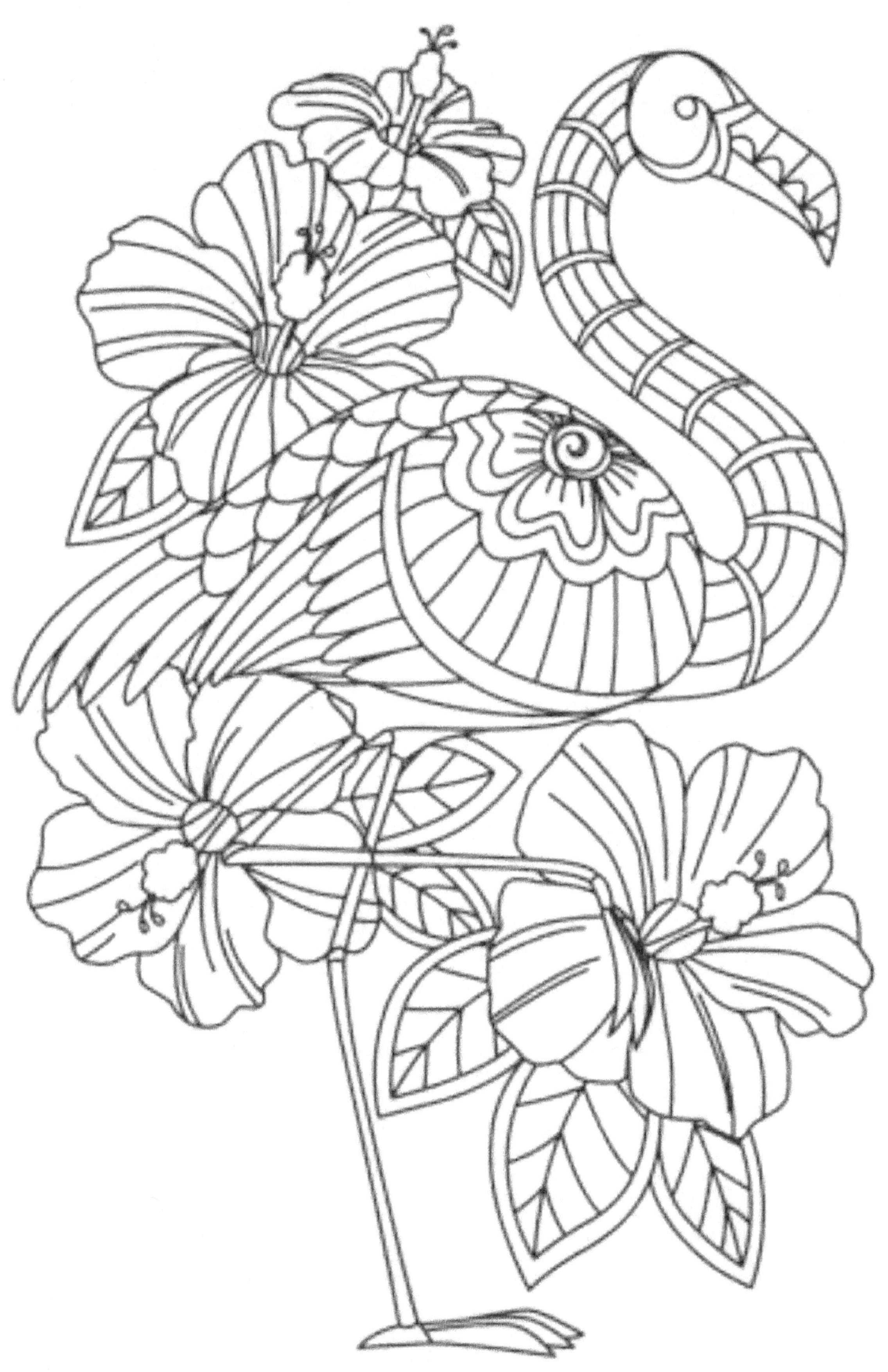

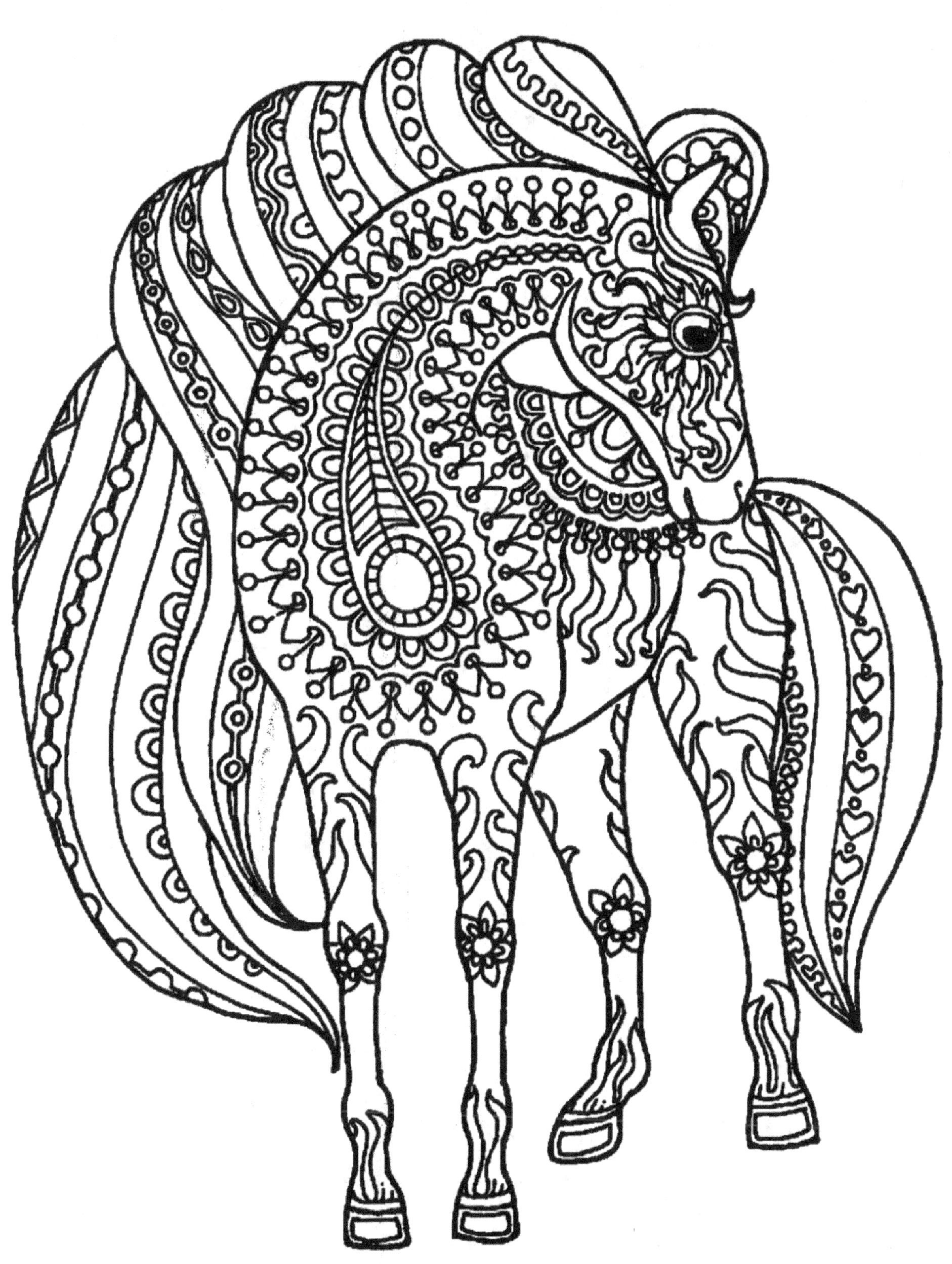

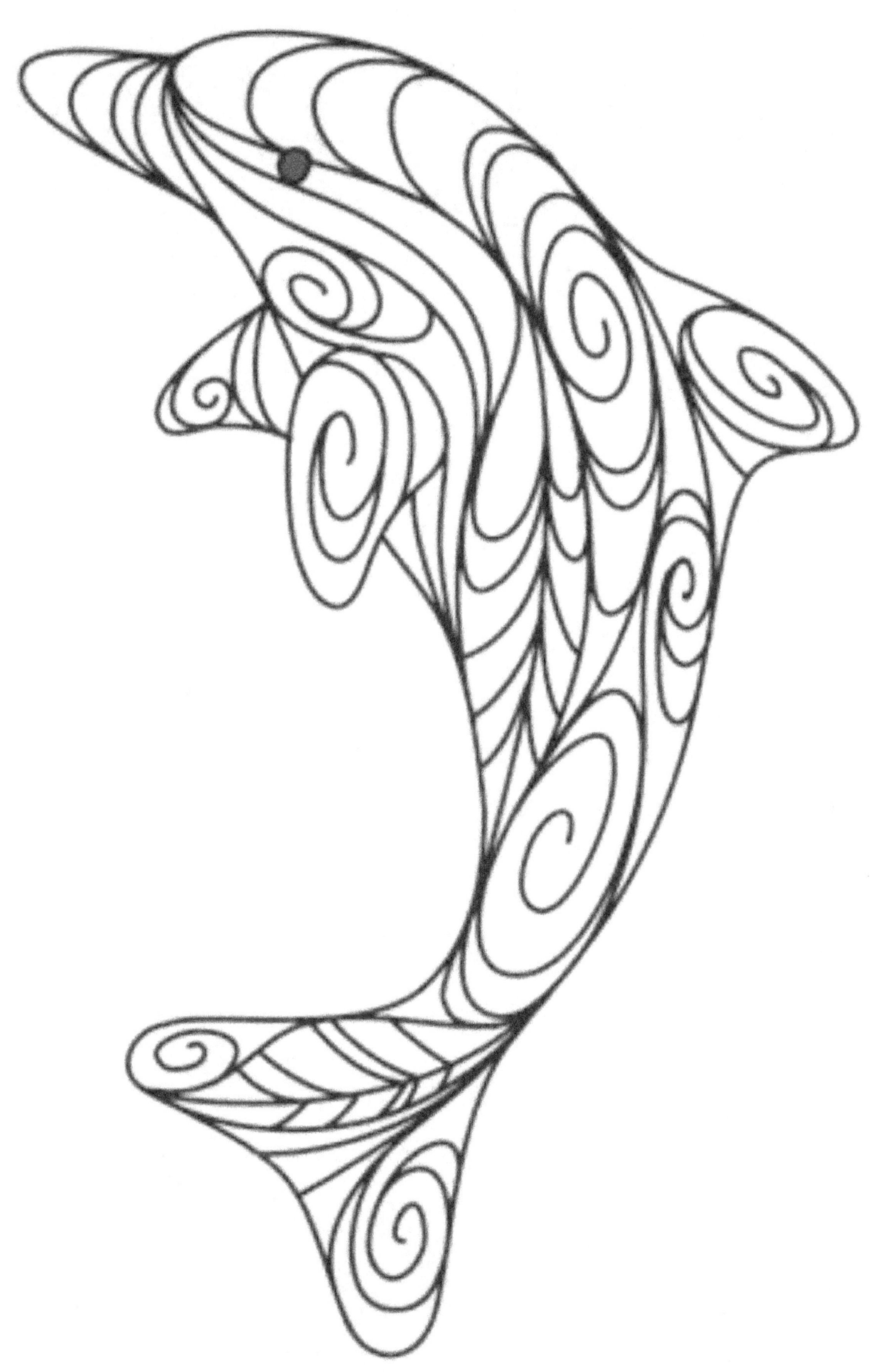

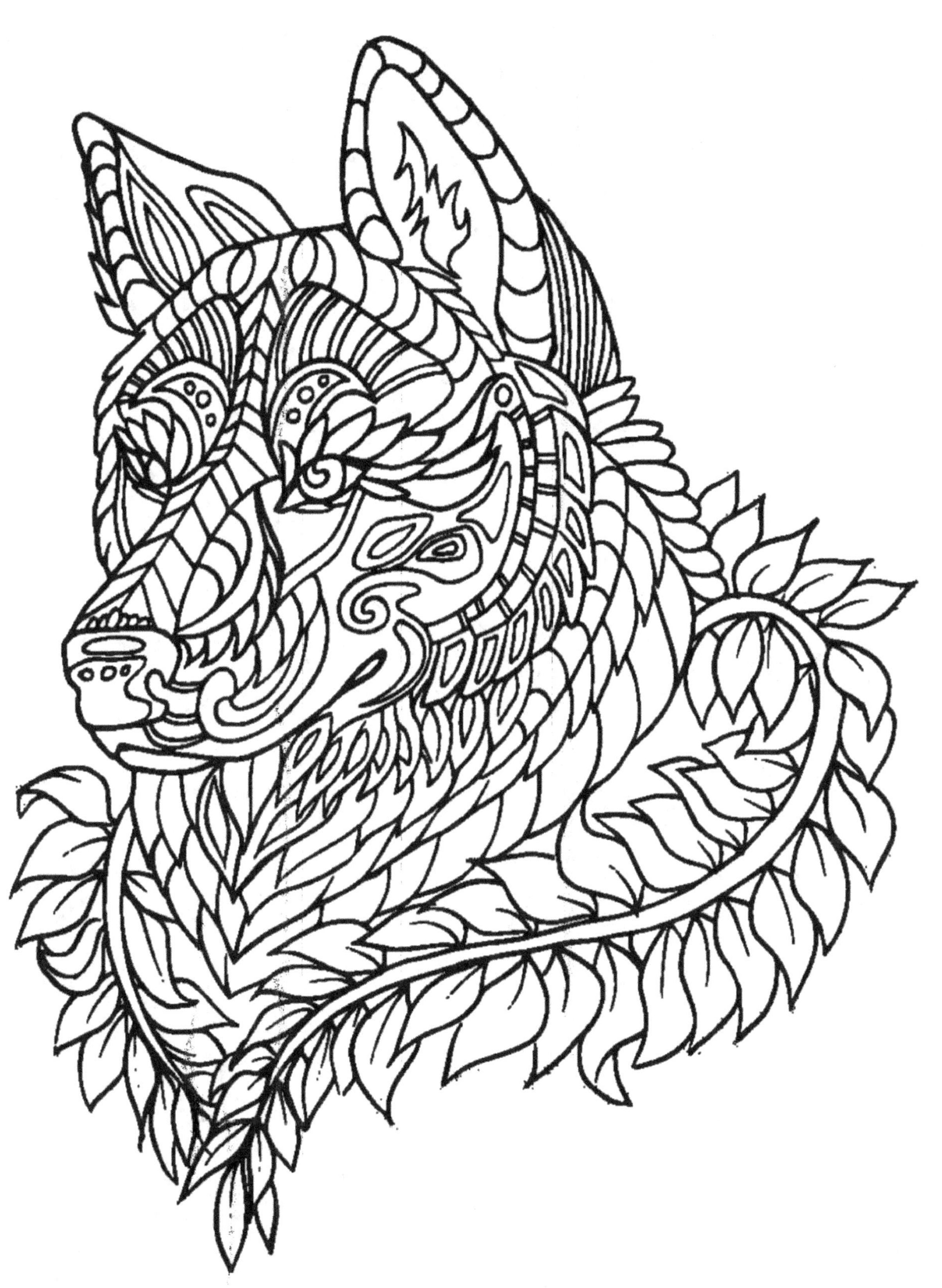

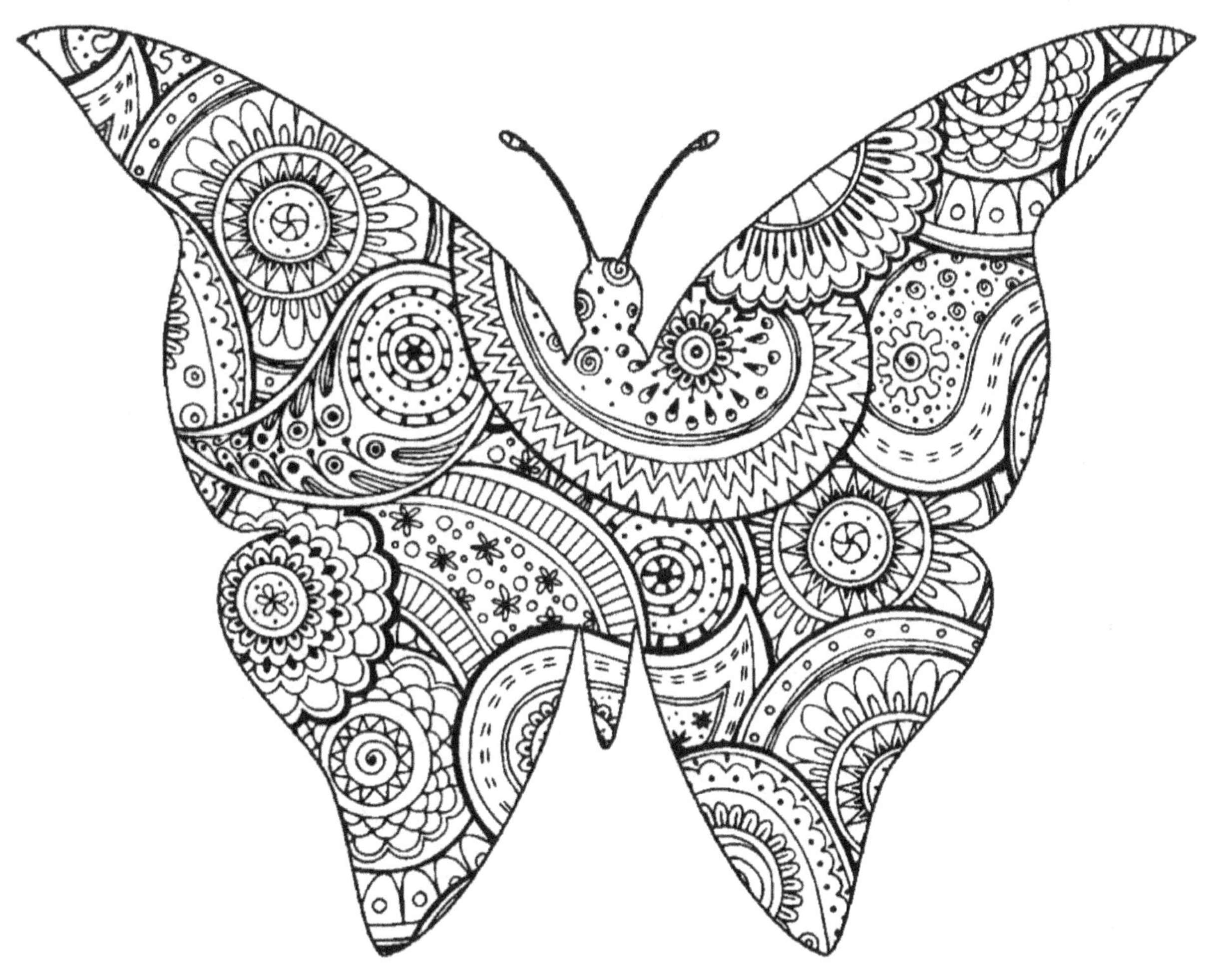

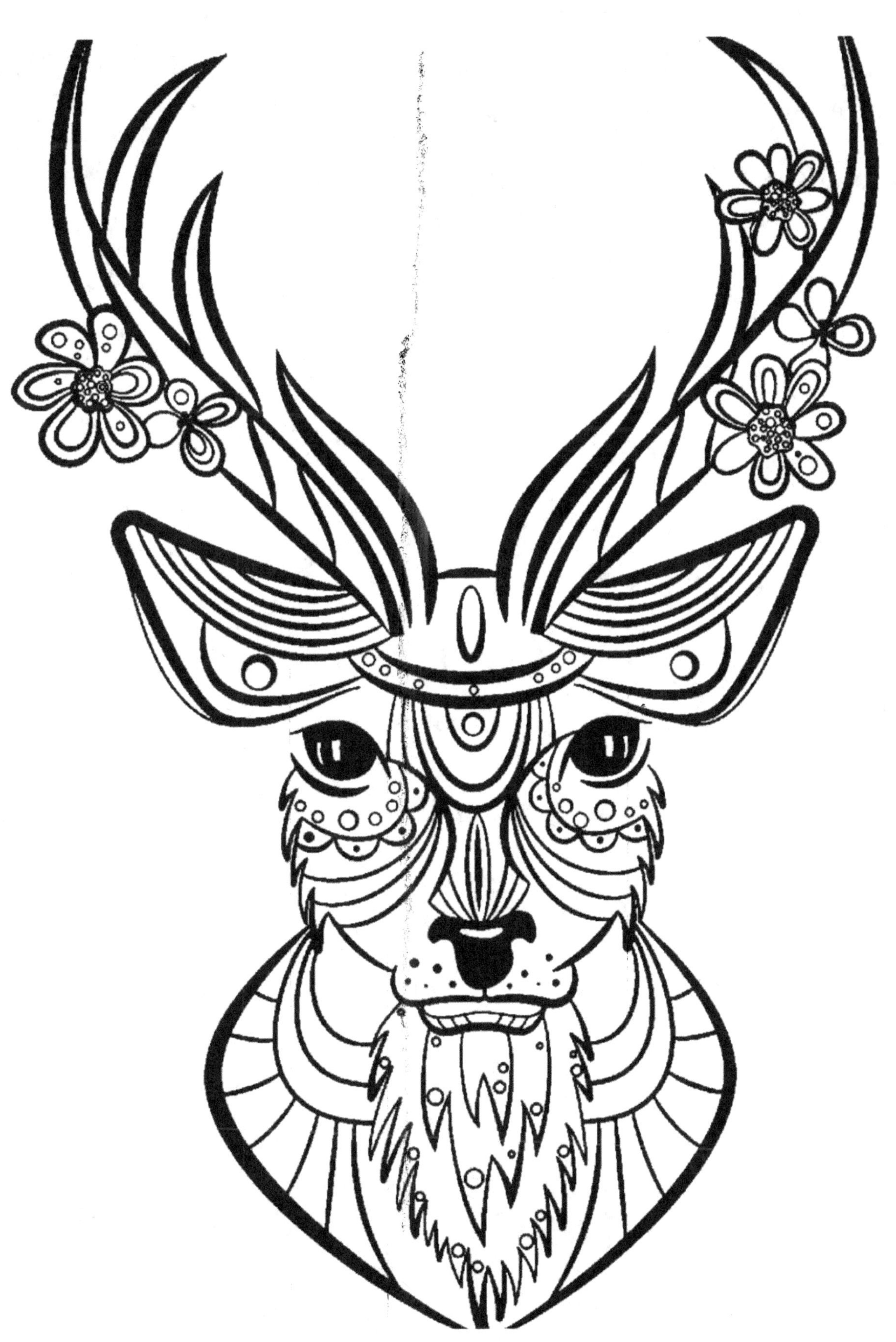

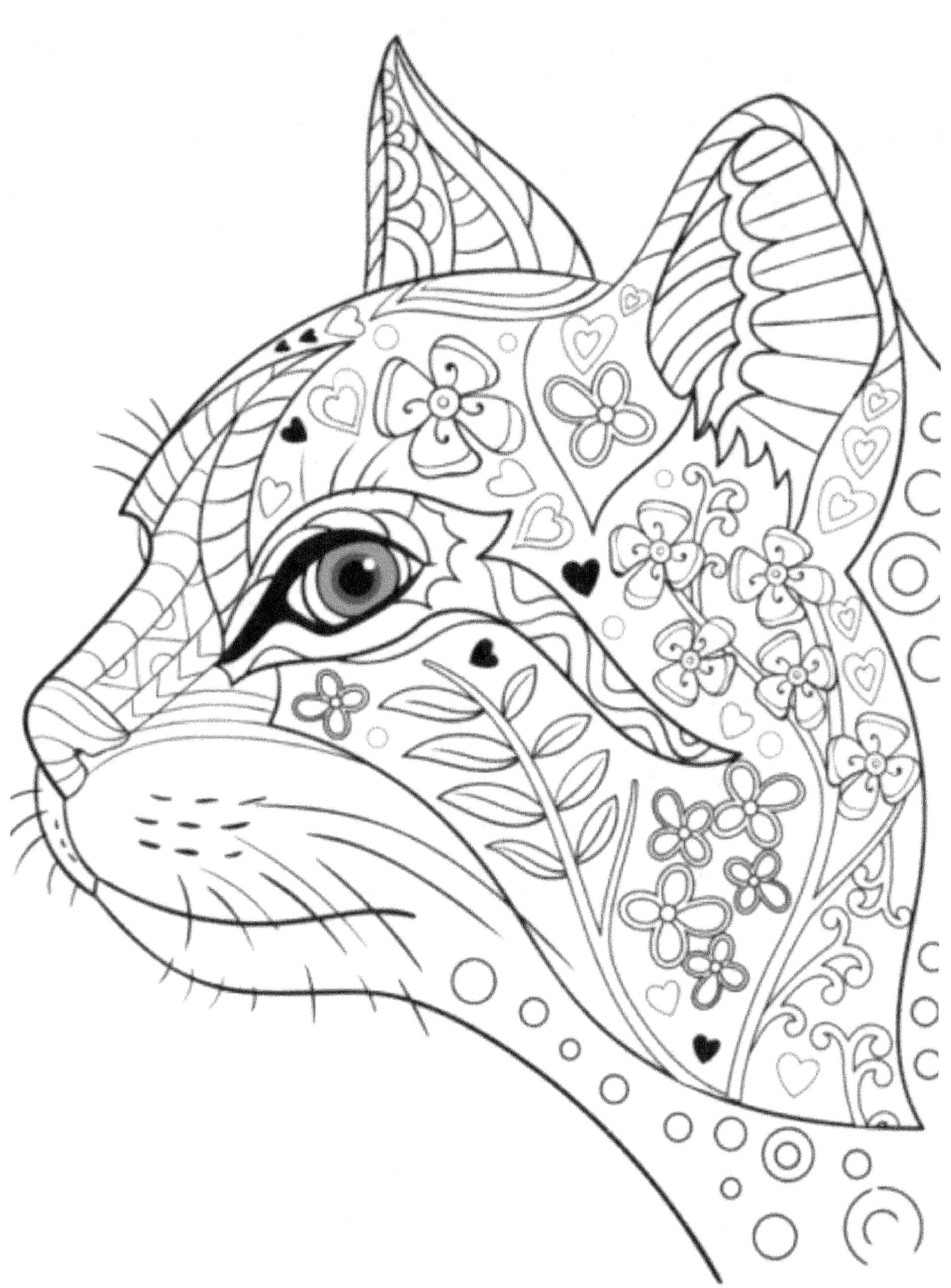

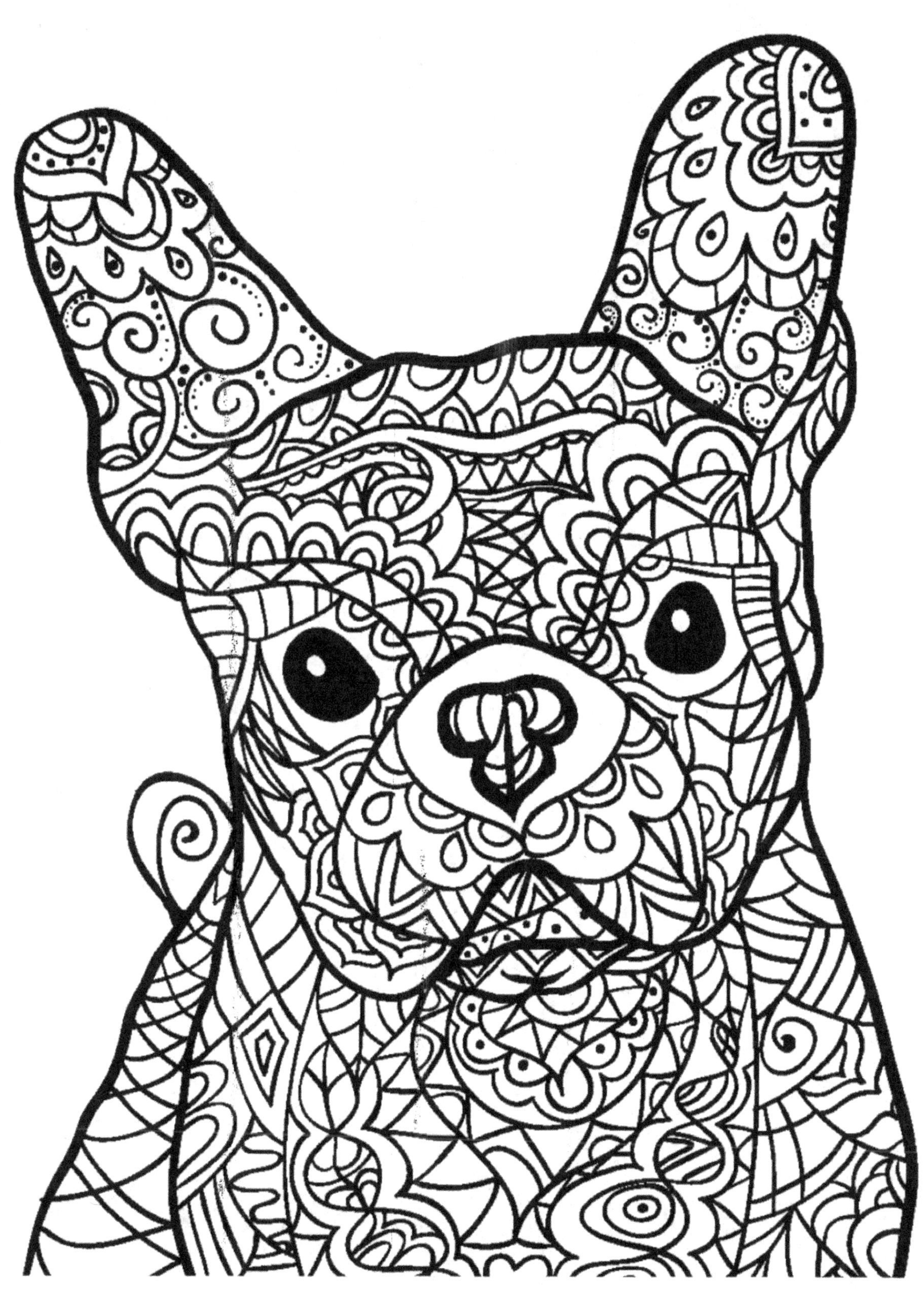

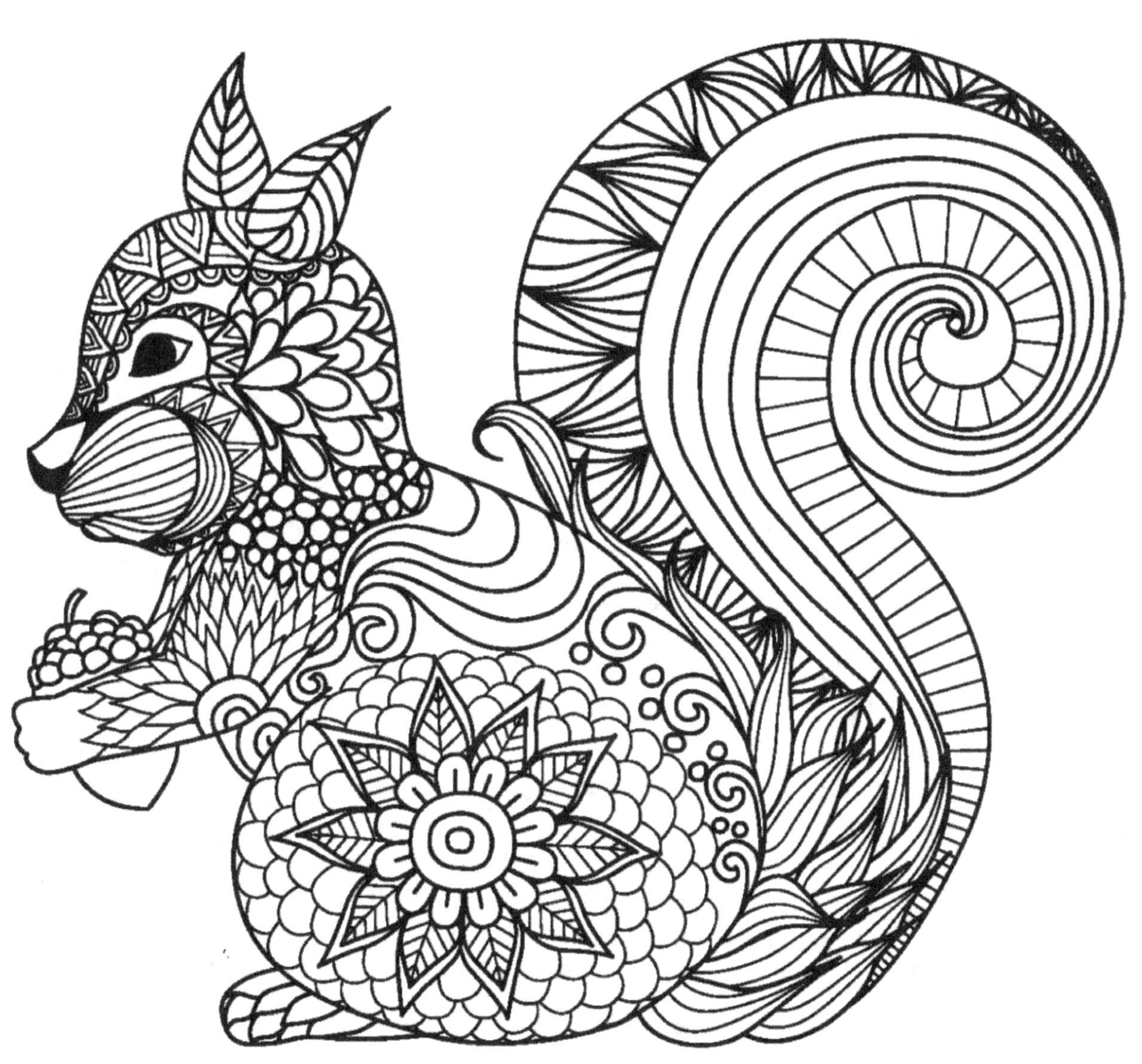

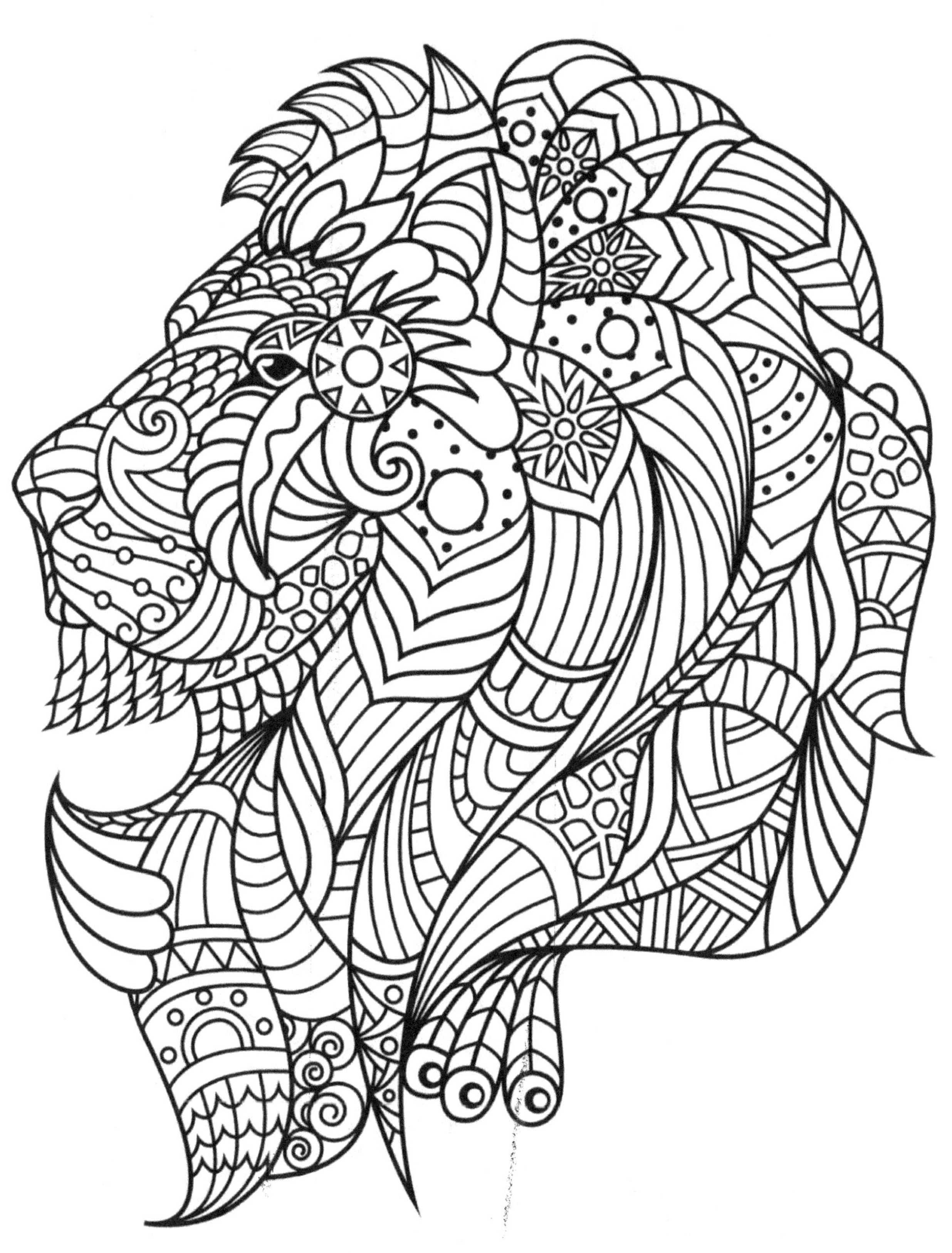

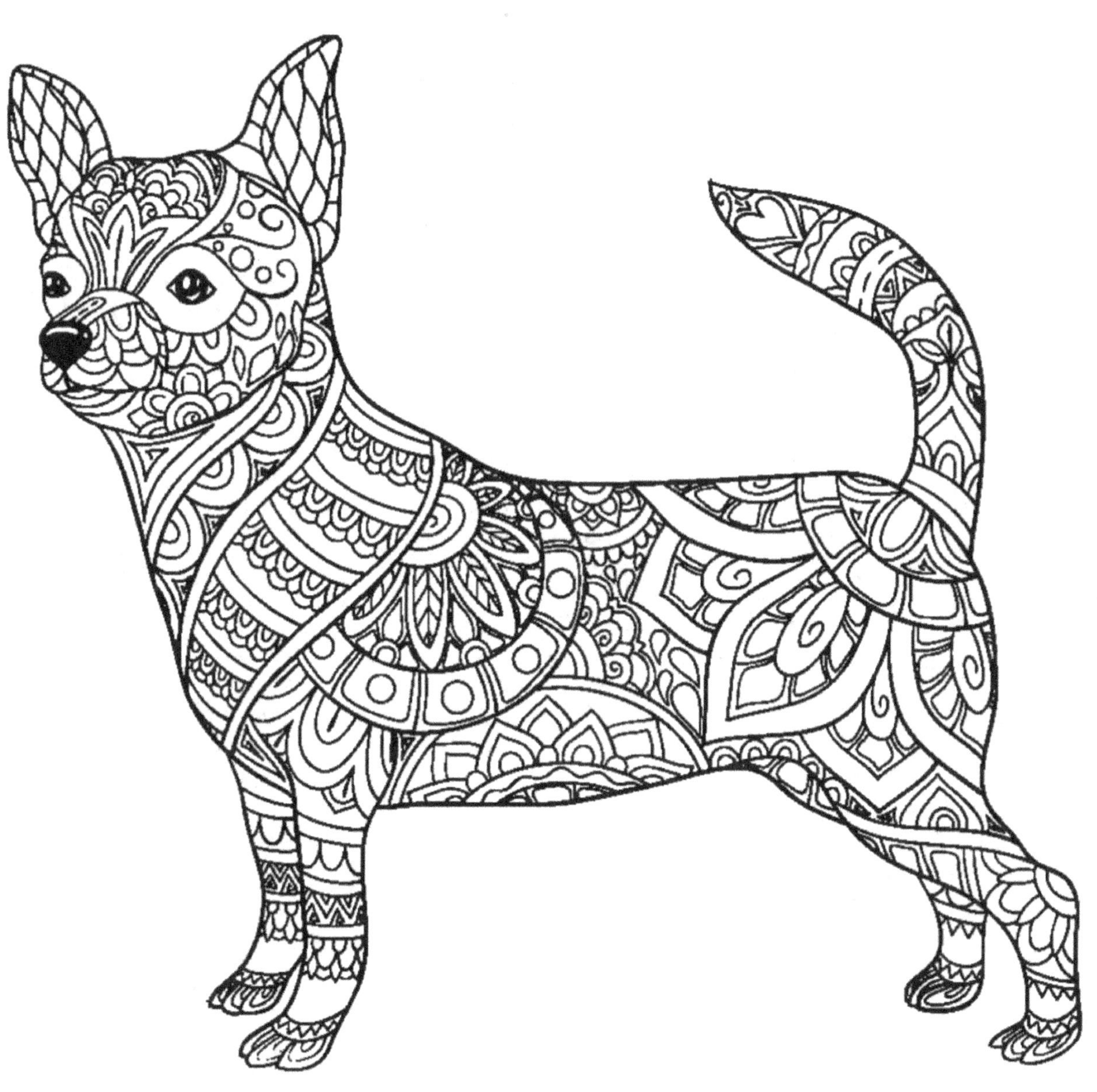

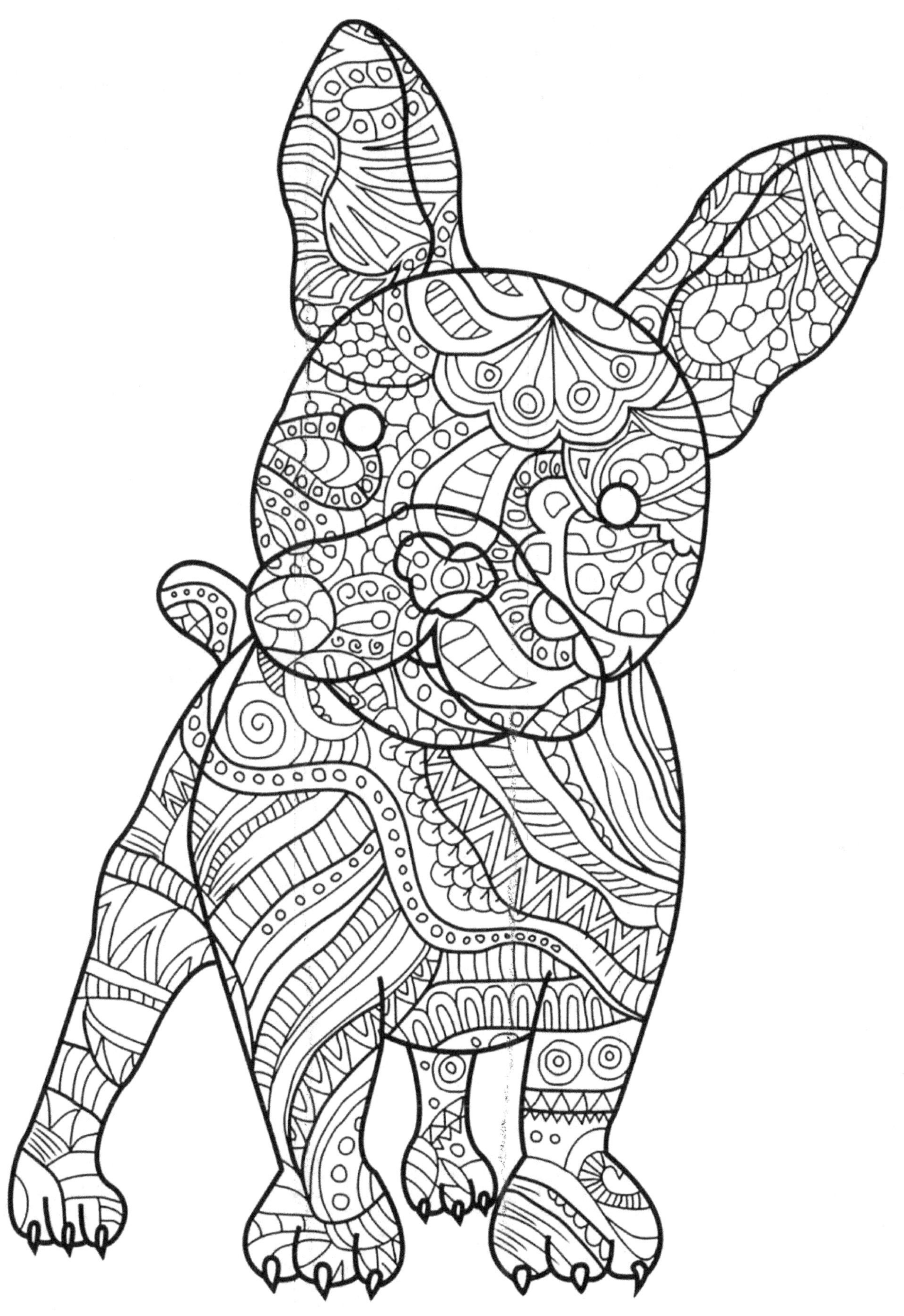

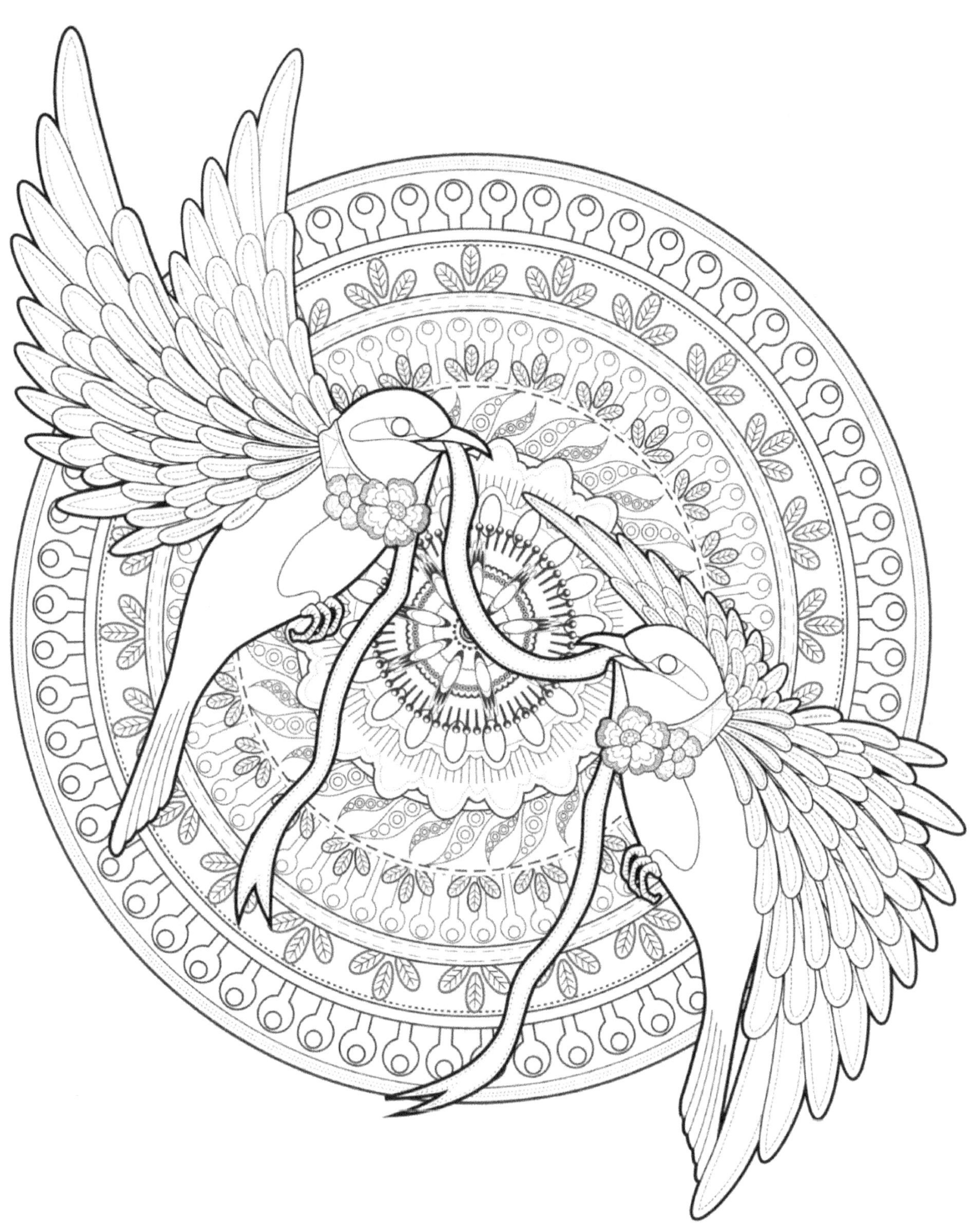

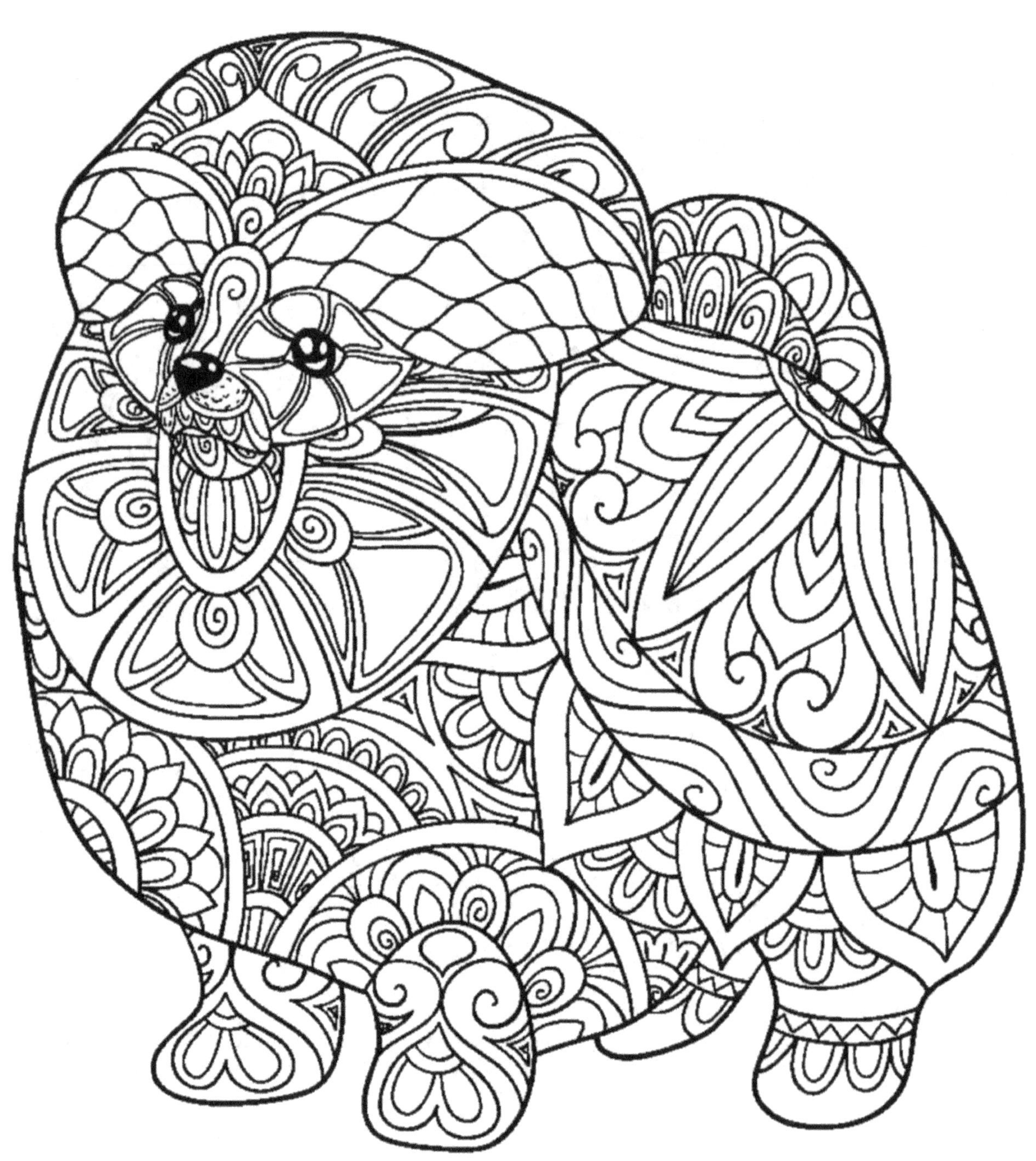